원효가 들려주는

한마음 이야기

원효가 들려주는

한마음 이야기

초판 1쇄 발행일 2008년 12월 26일
초판 9쇄 발행일 2024년 3월 1일

지은이 이명수
그림 문종인
펴낸이 정은영

펴낸곳 (주)자음과모음
출판등록 2001년 11월 28일 제2001-000259호
주소 10881 경기도 파주시 회동길 325-20
전화 편집부 (02)324-2347 경영지원부 (02)325-6047
팩스 편집부 (02)324-2348 경영지원부 (02)2648-1311
e-mail jamoteen@jamobook.com

ISBN 978-89-544-0836-3 (64100)

• 잘못된 책은 교환해드립니다.

원효가 들려주는

한마음 이야기

이명수 지음

(주)자음과모음

마음 밖에 따로 진리가 없는데 어디서 그것을 구하겠는가? 당나라에 진리가 있다면 신라엔들 없겠는가? 원효는 무엇인가를 깨달았습니다. 이를 계기로 하여 인생의 전환점을 맞았습니다. 그리고 우리에게 '한마음' 사상을 가르쳤습니다. 한마음은 세상 만물을 나누어 생각하지 않고 하나로 연결하여 보려는 참된 진리입니다.

원효는 통일 신라 시대에 화랑으로서 여러 전투에 참가하여 많은 사람이 죽는 것을 보았습니다. 그 영향 때문에 속세에 허무함을 느끼고 황룡사로 가서 승려가 되었습니다.

당초 원효는 골품 세력과 두품 세력이 대립하던 시대에 6두품의 집안에서 태어나 열 살이 되기 전 출가했습니다. 그는 의상과 함께 17년 동안 인도 유학을 마치고 귀국한 후 다시 공부를 하기 위해 당나라로 출발하였습니다. 이때가 원효는 서른네 살, 의상의 나이는 스물여섯 살이었습니다. 두 사람은 육로를 통하여 어렵게 압록강을 넘었으나 고구

려군에 잡혀 감옥에 갇히게 됩니다. 하지만 가까스로 탈출하여 신라로 다시 돌아옵니다.

그로부터 11년 후, 원효는 마흔다섯 살 때 의상과 함께 다시 당나라행을 시도합니다. 이번에는 바닷길로 가고자 당주계(唐津)를 향하였습니다. 하지만 폭우를 만나 땅굴에서 하루를 묵게 됩니다. 무덤 속에서도 하루를 묵게 되었습니다. 그때 원효의 생각에 큰 변화가 생깁니다.

어제 몸 붙여 잔 곳은 땅굴이라 생각하니 편안했는데
오늘밤 자리는 귀신 고을(무덤)이라 뒤숭숭하네
마음이 일어나면 온갖 법이 일어나고
마음이 사라지면 땅막과 무덤이 둘이 아님을 알겠네
삼계(욕계, 색계, 무색계)는 오직 마음이요,
모든 법은 오직 앎의 문제이니
마음 밖에 법이 없는데
어찌 따로 구하겠는가?
나 당나라로 가지 않으리.

이 글은 중국 송나라 찬녕(贊寧)이 쓴 《송고승전》에서 전해집니다.

원효는 의상과 함께 당나라로 유학을 가던 중, 해골에 고인 물을 통해 같은 물이라 할지라도 마음 먹기에 따라 더러운 물이 될 수도 있고 먹을 수 있는 물이 될 수도 있다는 것을 깨달았습니다. 깨달음은 마음속에 있다는 진리에 이르렀던 것입니다.

그래서 원효는 유학을 포기하고 돌아와 참선에 매진합니다. 자신이 깨달은 진리를 많은 사람들에게 가르치기로 한 것입니다. 그리하여 그는 사람이 모인 곳이라면 어디든 찾아가 중생을 구제하기 위해 노력하였습니다.

원효는 어느 날 우연히 광대들이 가지고 노는 큰 박을 얻었는데 그 모양이 기이하였습니다. 스님은 그 모양을 따라서 도구를 만들어 《화엄경》에서 말한 '일체무애인 일도출생사(一切無碍人 一道出生死)' 라는 문구를 따서 이름을 '무애(無碍)' 라고 하였습니다. 무애란 거침이 없다는 뜻입니다.

일체 걸림이 없는 사람이 한 길에서 생사를 벗어난다.

-《화엄경》 중

원효가 일정한 거처 없이 마음 닿는 대로 돌아다니고 비범하게 말하며 행동하는 모습에 사람들은 놀라기도 하였습니다. 거문고를 뜯으며 사당에서 노래하기도 하고, 민가에서 자기도 하였습니다. 산과 바다를 오가며 좌선을 하면서 중생 교화에 나섰습니다.

그렇게 해서 한마음의 참뜻을 가르쳤던 것이지요.

2008년 12월

이명수

C O N T E N T S

"쨍쨍쨍쨍, 쓰레기 소각장은 결사반대!"

"쾡쾡, 쓰레기 소각장을 찬성한다! 찬성한다!"

정말 시끄러워 죽겠어요. 우리 동네는 몇 달 전부터 동네에 쓰레기 소각장을 만들자, 만들지 말자 하면서 시끄러워요. 왜 어른들은 쓰레기 소각장을 두고 싸우는 걸까요? 쓰레기 소각장이 동네에 있으면 어떻고, 또 없으면 어때서요?

"아직도 소각장 문제가 해결이 안 된 건가?"

아빠가 신문을 보면서 말했어요.

"해결되려면 아직도 먼 것 같아요. 빨리 투표를 해서 결정을 내지. 만날 투표 날짜만 미루고. 이게 몇 달째인지 모르겠어요."

엄마가 건성으로 대답했어요.

"다들 저러다 말겠지, 뭐."

아빠 엄마도 쓰레기 소각장 문제가 불거지기 시작했을 때에는 동네

모임에 두어 번 나가는 것 같았어요. 하지만 그것이 전부였어요. 이제 우리 식구는 동네가 시끄러우니 쓰레기 소각장 문제가 어느 쪽으로든지 빨리 결정이 났으면 하고 바란답니다.

어른들의 문제가 학교 친구들에게까지 영향을 미쳤어요. 우리 반만 해도 그래요. 쓰레기 소각장 문제를 정확히 알지도 못하면서 부모님의 뜻에 따라 찬성한다, 반대한다 떠들고 다니는 애들이 많아요. 그러면서 반대 의견을 갖은 친구들끼리는 서로 말도 안 하고 얼굴을 봐도 '흥흥!' 하면서 다녀요. 그런 모습이 정말 우스워요. 잘 알지도 못하면서 어른들처럼 서로를 못 잡아먹어서 안달이라니까요.

아무리 생각해도 어느 쪽이 옳은 것인지 모르겠어요. 그래서 나는 찬성도 반대도 하지 않아요. 우리 엄마 아빠처럼요. 아무튼 몇 달 전까지만 해도 친했던 친구들이 서로 얼굴을 붉히고 다니니 중간에서 여간 불편한 것이 아니랍니다. 애들 싸움이 어른 싸움 된다더니, 이건 완전히 어른 싸움이 애들 싸움 된 격이지 뭐예요.

"참, 미소야, 너희 반에 새로 오신 선생님은 어떠시니?"

엄마가 물었어요.

"몰라."

"방학 일주일을 전에 선생님이 바뀌어서 새로 오신 선생님을 제대로 알 시간도 없겠네."

아빠가 말했어요.

"지난번 선생님도 정말 좋으신 분이었는데. 그나저나 아기도 선생님도 건강하신지 몰라. 반장한테 들은 소식은 없니?"

엄마가 걱정스런 눈빛으로 나를 봤어요.

"아니, 없는데."

나는 만화책을 보며 건성으로 말했어요.

"요즘 애들은 왜 이러니? 스승과 제자 사이에 살뜰한 정이 없어."

엄마가 쯧쯧 혀를 찼어요. 원래 우리 반 담임선생님은 예정보다 출산이 빠를 것 같아 학교를 쉬게 되었어요. 그래서 선생님 대신 새 선생님이 오셨지요.

새 선생님이 오시던 날, 어떤 분이실까 궁금했어요. 하지만 기대가 크면 실망도 큰 법. 새로 오신 선생님은 우리 반 여자 친구들의 기대를 여지없이 무너뜨렸어요. 키도 작고, 눈도 작고, 얼굴은 어찌나 큰지……. 첫인상 때문에 그 다음 날부터는 선생님을 바라보는 눈빛이 다들 시큰둥했어요.

"그래도 새로 오신 선생님이 열정이 있으신가 봐. 반 분위기를 위해 단합대회 캠프를 생각하시고."

엄마가 나를 보면서 말했지만 나는 캠프에 관심이 없었어요.

"단합대회?"

아빠가 물었어요.

"미소네 반이 쓰레기 소각장 문제로 애들까지 사이가 안 좋대요. 그래서 반 분위기를 위해 선생님이 캠프를 생각하셨대요."

그리고 엄마는 아빠에게 가정 통신문을 보여 주었어요.

"2박 3일 일정으로 밀양도 가고 경주도 가네. 게다가 마니또 게임까지? 미소는 좋겠다. 비용도 일체 선생님이 다 내시는 거야?"

아빠가 놀라며 말했어요.

"그러니까요. 요즘 이런 선생님이 없지요. 미소 갈 거지?"

"아니."

"왜?"

나의 뚱한 반응에 엄마 아빠가 동시에 물었어요.

"귀찮아. 사이도 좋지 않은 애들 사이에 껴 있는 것도 불편하고."

"그래도 선생님이 이렇게까지 신경을 쓰시는데 간부로서 선생님의 힘이 되어야 하는 거 아냐?"

엄마가 말했어요. 나는 '간부'란 말에 보던 만화책을 잠깐 내려놨어요. 하지만 다시 만화책에 코를 박았어요.

"괜찮아. 이제 일주일 만 있으면 여름방학이고, 방학 끝나면 총무도 다시 뽑을 텐데 뭐."

"전미소, 너무 성의 없다."

엄마가 말했어요. 하지만 나만 이런 생각을 하는 건 아닐 거예요. 반장과 부반장도 나처럼 생각할 거예요.

"그래도 엄마는 네가 선생님을 좀 도와줬으면 좋겠는데."

엄마가 말했어요. 나는 엄마를 빤히 봤어요. 다른 엄마들은 여름방학 때 공부하라고 난리일 텐데 엄마는 어쩐 일이지요? 그래도 방학 시작하면 학원부터 가라는 말보다 훨씬 듣기 좋았어요.

"그럼 생각해 보고."

말은 그렇게 했지만 솔직히 가고 싶은 마음이 들지 않았어요. 그럴 바에 차라리 만화책을 더 보는 게 낫죠.

여행을 떠나요

해와 달은 비록 땅을 벗어나 저 허공에 떠 있지만, 허공에 집착하지 않는다.

— 원효

1 우리는 삼총사?

교실 맨 뒷자리에 앉아 홍해처럼 갈라진 분단을 봤어요. 우리 반은 지금 두 분단씩 같은 편이에요. 쓰레기 소각장 찬성 분단과 반대 분단, 그리고 이것도 저것도 아닌 중립 분단. 어른들이 문제를 매듭짓지 않으면 이런 상태로 졸업해야 할 것 같아요.

나는 찬성 분단에 앉은 미혜를 봤어요. 그리고 반대 분단에 앉은 진희도 봤어요. 미혜랑 진희가 말을 하지 않고 지낸지도 꽤 됐었어요. 나는 그 중간에서 서로의 말을 전하느라 애를 썼지요.

"으, 아침부터 재수가 없어."

미혜가 교실로 들어서면서 씩씩댔어요.

"왜? 무슨 일인데?"

다른 때 같으면 진희가 잽싸게 미혜한테 달려가 왜 기분이 나쁜지 물어봤을 거예요. 하지만 진희는 힐끔힐끔 미혜를 볼 뿐 다가가지 않았어요. 나는 진희에게도 들리게 큰 소리로 물었어요.

"아니, 내가 늦을까 봐 막 뛰어오는데 그 모습을 보고 마구 웃으면서 놀리잖아. 그것도 처음 본 빡빡이가. 도대체 몇 반이야?"

"뭐라고 놀렸는데?"

내가 물었어요.

"오리 궁둥이 같다고."

"풉!"

오리 궁둥이란 말에 진희가 웃음을 터뜨릴 뻔했어요. 그러자 미혜가 진희를 날카롭게 쏘아봤어요. 사실 미혜의 뛰는 모습은 진짜 오리가 뒤뚱거리는 것 같아요. 보이는 그대로 말한 것뿐인데 흥분하기는……. 나는 고개를 돌려 진희를 보며 속으로 '큭큭큭' 웃었어요. 진희도 역시 웃음을 참는 눈치였어요. 하마터면 진희와 눈이 마주쳤을 때 웃음을 터뜨릴 뻔했다니까요.

"잡히기만 해 봐라. 내 손에 죽었어."

미혜는 가방에서 책을 거칠게 빼며 신경질을 냈어요.

"근데 우리 학교에 빡빡이가 있어? 한 번도 보지 못했는데."

내가 물었어요.

"우리 학교 학생인지 모르겠어. 학교 오기 전에 당한 일이라."

"그러면 어떻게 잡으려고?"

내가 또 물었어요.

"그러니까……."

미혜가 힘 빠진 목소리로 말했어요.

"예전 같았음 너랑 나랑 진희가 그런 녀석을 찾아내는 것쯤은 문제없었는데."

나는 미혜와 진희를 번갈아 쳐다보았어요. 아주 잠깐이었지만 미혜와 진희도 나와 같은 생각을 하는 것 같았어요.

"됐어. 나 혼자도 찾을 수 있어. 못 찾아도 할 수 없고."

미혜가 책 표지를 뚫어지게 보며 말했어요. 그러자 진희의 표정도 이내 굳어졌어요.

미혜와 진희를 보면 정말 안타까워요. 언제부터인가 감정의 골이 깊어지기 시작해서 이젠 걷잡을 수 없을 정도가 되었거든요.

돌아올 수 없는 강을 건넌 것처럼 말이에요.

'전미소, 너 너무 성의 없다.'

며칠 전 엄마가 나에게 했던 말이 떠올랐어요.

'새로 오신 선생님이 반 분위기를 좋게 만들려고 애쓰시는데 간부가 돼서 그래야 되겠어?'

맞아. 엄마 말이 맞아. 꼭 간부가 아니더라도 미혜랑 진희의 관계를 위해서 무엇이든 해 봐야겠어. 나는 미희와 진희를 번갈아 보았어요. 각자 자신의 짝과 얘기하느라 정신이 없어 보였어요. 난 왠지 모르게 그런 모습이 낯설었어요. 몇 달 전만 해도 저렇게 수다를 떨던 건 나와 미혜, 진희 셋이었는데. 삼총사였던 우리가 서로를 외면한 채 다른 친구들하고 다니잖아요. 아! 다시 옛날로 돌아가고 싶어요.

나는 가방에서 가정 통신문을 꺼냈어요. 그리고 캠프 참석 여부를 묻는 난에 참석하겠다고 동그라미를 쳤어요. 그리고 같이 가고 싶은 친구난에 미혜와 진희 이름을 썼어요.

2 찬성국, 반대국, 중립국

선생님께서 반에서 걷은 가정 통신문을 살펴보시더니 얼굴에 미소를 지었어요.

"우리 친구들이 다 같이 갔으면 좋겠지만 정 시간이 안 되는 사람들은 어쩔 수 없지. 하지만 선생님은 좀 섭섭한걸."

선생님 말씀에 나는 미혜와 진희를 살짝 돌아보았어요. 둘 다 가기 싫다고 했던가요? 같이 가면 좋을 텐데.

"좋다. 아직 시간이 있으니 떠나기 전날까지 결정해라."

선생님께서는 반 아이들 한 사람, 한 사람을 보면서 힘을 주어 말씀하셨어요.

"그리고 오늘 우리 반에 새 식구가 전학 왔다."

선생님의 말씀에 우리 반은 금세 술렁거렸어요. 창가에 앉은 친구들은 복도를 슬쩍슬쩍 보았어요.

"자, 새 친구 어서 들어와."

우리들은 목을 빼고 교실 앞문을 바라봤어요. 전학생의 모습을 본 우리는 깜짝 놀랐어요.

"빡빡이?"

미혜와 나 그리고 진희의 입에서 동시에 빡빡이라는 말이 터져 나왔어요. 그 바람에 우리는 서로를 마주 봤어요. 미혜의 큰 눈이 더 커졌어요.

"우리 반에 나 말고 새 식구가 한 명 더 늘었다. 자, 새 친구, 자기소개를 해 볼까?"

선생님이 새 친구의 어깨를 톡톡 쳤어요.

"안녕? 반가워. 내 이름은 장새털이야. 앞으로 잘 지내자."

장새털? 장새털이란 이름에 여기저기서 큭큭 웃음소리가 들렸어요. 키 작은 장새털은 머리 모양이 아주 단단한 축구공 같았어

떠든 사람
찬성국
반대국

요. 선생님과 장새털이 서로를 보고 방긋 웃는데 어딘가 닮았다는 생각이 들었어요. 둘 다 키가 작아서 그런가?

"그럼 새털이는 어디 앉을까?"

웅성거리던 우리는 선생님의 말에 일순간 조용해졌어요. 우린 두리번거리며 경계의 눈빛을 보냈어요. 찬성 분단이 좋을까, 반대 분단이 좋을까, 아니면 중립 분단이 좋을까?

"선생님! 제 뒤에 자리를 만들겠습니다."

소리 나는 쪽을 보니 찬성 분단에 있는 명철이가 자리에서 일어나 있었어요.

"아니에요. 제 뒤에 자리를 만들겠습니다."

그러자 반대 분단의 인화도 벌떡 일어나서 말했어요. 반대 분단 애들이 짝짝짝 박수를 쳤어요.

"아니에요. 제가 먼저 말했으니 저희 쪽에 앉혀 주세요."

명철이가 말하자 이번에는 찬성 분단 애들이 박수를 쳤어요.

"오, 새털이 전학 첫날부터 인기가 장난 아닌데."

선생님과 장새털은 서로를 보며 의아해 했어요. 찬성 분단과 반대 분단 애들은 장새털이 서로 자신의 분단으로 와야 한다고 난리를 쳤어요.

“으, 시끄러. 아무 곳에 앉으면 어때서.”

나는 귀를 살짝 막았어요.

“새털이는 어느 나라에 앉을지 결정했어? 왼쪽은 찬성국, 오른쪽은 반대국 그리고 가운데는 중립국.”

선생님의 말에 우리들의 시선은 일제히 새털이의 입으로 모아졌어요. 그 때 새털이는 대답 대신 손가락으로 한 자리를 가리켰어요. 아이들의 시선이 일제히 새털이의 손끝을 따라갔어요.

“미혜 뒤?”

선생님이 다시 확인했어요. 장새털은 대답 대신 미혜를 보고 고개를 크게 끄덕였어요. 장새털이 미혜를 빤히 쳐다보는 바람에 미혜 얼굴은 홍당무가 되고 말았어요. 뭐야, 저 눈빛은?

장새털은 아주 강렬한 눈빛으로 미혜를 쳐다보았어요. 새털이의 눈은 아주 묘했어요. 예쁜 것도 아니고 멋있는 것도 아닌데 사람을 끄는 힘이 있어요. 가만히 보고 있으면 새털이의 눈 속으로 빨려 들어갈 것 같았죠. 말하자면 아주 맑고 고요한 샘물 같다고 할까요?

‘전미소, 정신 차려! 지금 뭐 하는 짓이야!’

새털이를 보던 나는 고개를 절레절레 흔들었어요. 정신을 차리고 주위를 둘러보니 나만 새털이의 눈빛에 빠진 것이 아니었어요. 몇몇 애들은 새털이가 자리에 앉을 때까지 눈을 뗄 줄 몰랐어요.

새털이가 미혜 뒤에 앉자 미혜는 기분이 몹시 나쁜 것 같았어요. 그리고 새털이는 자리에 앉으면서 미혜에게 앞으로 잘 부탁한다는 말을 했어요. 하지만 미혜는 아무런 대꾸도 하지 않았어요.

진희도 새털이를 힐끔거리는 것 같았어요. 자세히 보니 새털이를 훔쳐보는 애들이 한둘이 아니었어요. 어떤 애는 미혜를 부러워하기까지 했어요. 친구들은 빡빡 깎은 새털이의 머리가 신기한지 수업 시간에도 새털이를 자꾸 힐끗거렸어요.

"안녕? 나는 박명철이야. 학교 생활하면서 궁금한 거 있으면 나한테 물어봐."

먹보 대장 명철이가 새털이에게 초콜릿을 내밀었어요.

"먹보가 먹을 것을 양보하고 웬일이셔?"

내가 빈정거리는 말투로 말했어요.

"이건 지난 시간에 필기한 건데 전학 오기 전 너희 학교 진도랑 잘 안 맞을 것 같아서…… 내가 빌려 줄게."

우리 반 일등 인화는 새털이에게 공책까지 내밀었어요.

"다들 신경 써 줘서 고마워."

새털이가 대답했어요. 그 때 새털이가 미혜의 어깨를 톡톡 쳤어요.

"뭐야?"

미혜가 톡 쏘듯 말했어요. 그런데 새털이가 미혜에게 초콜릿을 내미는 거예요.

"난 초콜릿 별로 안 좋아해. 너 먹을래?"

그리고 새털이는 인화가 내민 공책을 다시 돌려줬어요.

"모르는 거 있으면 앞에 있는 친구들한테 물어볼게."

미혜는 어이가 없다는 듯이 새털이를 봤어요. 주위에 있던 친구들은 입을 떡 벌린 채 새털이를 봤어요. 새털이가 미혜 코앞에서 초콜릿을 흔들었어요.

"흥!"

미혜는 다시 몸을 돌려 앞을 봤어요.

"아니, 지가 뭔데 멋있는 척을 해? 정말 웃겨."

미혜가 중얼거렸어요.

"반장, 부반장, 총무! 선생님께서 교무실로 오래."

그 때 누군가 우리를 불렀어요. 미혜가 자리에서 일어나려는데 미혜 치마 레이스가 의자와 새털이 책상 사이에 끼어 있었어요.

미혜는 새털이가 책상을 제 위치에 놓기도 전에 치마를 확 잡아당겼어요. 그 바람에 그만 치맛단의 레이스가 죽 찢어졌어요.

"어머, 미혜야, 어떡해? 레이스가 다 찢어졌네."

나는 너덜거리는 치맛단의 레이스와 미혜의 얼굴을 번갈아 보았어요. 주변에 있던 친구들도 미혜와 새털이를 쳐다보며 미혜의 반응을 살폈어요. 미혜의 귀가 빨갛게 달아올랐어요. 미혜가 정말 많이 화가 났다는 뜻이에요. 나는 미혜의 눈치를 살피다 진희를 봤어요. 진희도 걱정스런 눈빛으로 미혜를 보고 있었어요.

미혜가 새털이를 무섭게 째려봤어요. 하지만 새털이는 자기가 무엇을 잘못했는지 모르는 눈치였어요. 새털이는 미안하다는 말도 하지 않고 아무렇지 않은 듯 맑고 깨끗한 눈으로 미혜를 말똥말똥 쳐다만 보았어요.

"노미혜, 빨리 교무실로 가자."

나는 미혜의 팔을 잡아당겼어요. 미혜는 씩씩대며 찢어진 레이스 차림으로 교무실로 갔어요.

3 헛된 맹세

“치마가 찢어져서 어떡하니?”

내가 걱정스럽게 말했어요.

“아침엔 나를 오리 궁둥이라고 놀리더니 이젠 내 치마까지 찢어! 빡빡이, 절대 용서할 수 없어!”

그리고 미혜는 입을 ‘앙’ 다물었어요. 나는 화난 미혜 옆에서 아무 말도 할 수 없었어요.

교무실에 들어서자 종이에 뭔가를 열심히 적고 있는 선생님을 봤어요.

"어서들 와라."

선생님 책상 위에는 캠프 안내문이 있었어요.

"생각보다 참석률이 많이 낮네. 너희들이 우리 반 단합을 위해서 아이들을 설득해 참석률을 높일 수 있을까? 그 부탁을 하려고 불렀다."

선생님은 우리를 진지하게 쳐다봤어요. 그리고 캠프 안내문을 우리에게 나눠 줬어요. 나는 친구들이 누구와 함께 캠프를 가고 싶어 하는지 궁금했어요. 그 중에서도 미혜와 진희의 마음이 궁금했죠.

나는 미혜를 흘끔 쳐다봤어요. 그리고 반장도 봤지요. 반장은 원래 인화랑 명철이랑 삼총사였으니까 그들의 이름을 썼을까요?

선생님께서 나눠 준 종이를 들고 교실로 돌아오며 나는 미혜와 진희 이름을 찾아보았어요. 노미혜, 찾았다! 캠프는 참석을 한다고 했고 같이 가고 싶은 친구는? 응? 아무도 안 썼네.

나는 실망스러웠어요. 미혜는 아직도 찢어진 레이스 때문에 속상해 하고 있었어요. 미혜도 나랑 같은 생각인 줄 알았는데 아니었나 봐요. 내가 예전으로 돌아가고 싶다고 해서 미혜도 같은 생각을 하는 건 아니었던 거예요. 그럼 진희도 미혜랑 같은 생각일지 몰라요. 나는 진희가 누구와 가고 싶다고 썼는지도 무척 궁금해졌어요.

"반장, 선생님께서 주신 안내문 좀 줘 봐."

나는 반장에게서 안내문을 받아 명철이가 쓴 친구들 이름을 보았어요. 그리고 명철이도 내심 반장과 인화와 함께 다시 예전의 삼총사로 돌아가고 싶다는 것을 알았어요. 반장의 눈치를 보니 아직 명철이의 마음을 모르나 봐요.

반장이 갖고 있던 안내문 속에 진희의 이름은 없었어요. 역시 진희의 캠프 안내문은 미혜 손에 있는 걸까요? 하지만 찬바람이 쌩쌩 부는 미혜에게 캠프 안내문을 보여 달라는 말을 못하겠어요.

교실로 들어간 미혜는 책상 앞에 앉더니 캠프 안내문을 들춰 봤어요. 나는 슬쩍슬쩍 미혜를 봤어요. 미혜의 손이 한 안내문에 멈췄어요. 혹시 진희 것이 아닐까요? 난 궁금함을 참지 못하고 직접 물어보기로 했어요.

"진희야, 너 이번 캠프 가니?"

"아니."

진희는 다른 친구들과 얘기하면서 건성으로 대답했어요. 나는 진희의 대답에 깜짝 놀랐어요. 그래서 진희를 뚫어지게 쳐다보았어요.

"나는 갈 건데……."

나는 작게 웅얼거렸어요. 하지만 진희는 친구들이랑 신나게 떠드느라 내가 한 말에 아랑곳하지 않았어요. 이제 미혜도 진희도 내 친구가 아니라는 생각이 들었어요. 그렇게 생각하니 슬퍼졌어요. 나는 풀이 죽어서 창밖을 바라보았어요. 학교에서 가장 큰 은행나무가 푸른 잎을 한껏 자랑하며 서 있었어요. 바로 저 나무 아래서 우리 셋의 우정을 맹세했었는데 그 맹세가 일 년도 못 가다니……. 갑자기 바람이 쌩 불었어요. 그래서 은행잎이 몹시 흔들렸어요.

선생님은 캠프에 참석할 친구들에게 같이 가고 싶은 친구들도 꼭 참석하게 하라는 숙제를 내주었어요. 미혜는 참석한다고 했는데 문제는 진희였어요. 캠프에는 전혀 관심을 보이지 않는 진희를 데려가려면 어떤 방법을 써야 할지 도무지 좋은 생각이 떠오르지 않았어요.

혹시 새털이라면 방법을 알까요? 그런데 왜 갑자기 새털이 생각이 났을까요?

새털이는 책을 보고 있었어요. 난 그런 새털이를 빤히 쳐다보다가 쪽지를 써 보기로 했어요. 그런 용기가 어디에서 났는지는 나도 모르겠어요.

안녕, 난 전미소라고 해. 처음 보는데 이런 부탁을 해서 이상한 애라고 생각하지 마. 우리 반은 여름에 선생님 고향으로 캠프를 가는데 정말로 같이 가고 싶은 친구가 있어. 그런데 그 친구는 캠프에 안 간대. 그 친구를 캠프에 참석시킬 방법이 없을까?

쪽지를 다 쓰고 나자 가슴이 콩닥콩닥 뛰었어요. 새털이가 정말 나를 이상한 애라고 생각하면 어쩌나 하고 걱정이 되었어요. 하지만 진희를 생각하며 수업 시간에 선생님 몰래 새털이에게 쪽지를 던졌어요. 새털이는 나를 한 번 쓱 보더니 쪽지를 읽고 답장을 주었어요.

그 친구에게 진짜 같이 가고 싶다고 진심을 담아서 말해 봐. 진심은 다 통하는데, 같이 가자고 말은 해 봤어?

나는 새털이를 보며 고개를 절레절레 흔들었어요.

노력도 안 해 보고 생각만 하고 있구나. 그러니 그 친구가 같이 갈 턱이 있나.

이 쪽지를 받고 나니 새털이가 왠지 나를 비웃는다는 느낌이 들었어요. 노력도 안 해 보고 걱정만 한다고 말이에요. 나는 진희에게 캠프에 같이 가자고 말하리라 다짐했어요.

수업이 모두 끝나자 반대파 애들이랑 같이 집으로 향하는 진희의 모습이 보였어요.

"임진희!"

친구들과 진희가 멈춰 섰어요.

"할 말이 있는데."

나는 다른 친구들의 표정을 살폈어요.

"너희들 먼저 갈래? 난 미소랑 얘기하고 바로 따라갈게."

"그래."

다른 친구들이 앞서 걸어갔어요.

물태울 뜨거운 여자들이 온다!!
미녀
CHARLIE'S ANGELS
삼총사

"말해 봐."

"저기, 이번 캠프 같이 가지 않을래? 미혜도 갈 건데."

"미혜? 미혜 가는 거랑 나랑 무슨 상관이 있는데? 난 그럼 더 가기 싫어."

진희가 얼굴을 찡그렸어요. 진희의 말은 진심인 것 같았어요.

"난 말이지, 우리들이 미혜와 함께 예전처럼 삼총사로 돌아갔으면 좋겠어."

나는 진지하게 진희의 눈을 쳐다봤어요.

"미안하지만 우리는 예전으로 돌아가기 힘들 것 같은데."

나는 진희의 말에 깜짝 놀랐어요. 그리고 진희의 말을 듣는 순간 코끝이 찡하면서 눈물이 핑 돌았어요.

"왜?"

"설마 모르는 거야? 미혜 아빠가 찬성파 대장이시잖아. 얼마 전에 우리 부모님하고 크게 싸우셨어. 그걸 뻔히 알면서 미혜랑 다시 친해지라고? 말도 안 돼."

"전미소!"

그 때 내 이름을 부르며 운동장을 가로질러 뛰어오는 미혜의 모습이 보였어요.

"너랑은 다시 친구가 될 수 있어도 저 애랑은 다시 친구가 될 수 없어. 잘 가."

그리고 진희는 총총히 걸어갔어요. 진희가 걸어가는 길 뒤에는 은행잎이 우수수 떨어져 날리는 것 같았어요.

"전미소, 임진희가 뭐라고 한 거야?"

"아니, 뭐…… 캠프 못 간다고."

"그래? 그거 잘 됐네. 우리끼리 재밌게 놀다가 오면 되겠네. 그런데 네 얼굴 표정은 왜 그래?"

아, 이런 게 아니었는데. 진심을 담아 말을 해도 통하지 않을 때가 있구나. 아, 이놈의 쓰레기 소각장이 내 친구들을 다 빼앗아 갔어요. 나는 쓰레기 소각장이 정말 싫었어요. 진짜 어른들이 하는 일은 쓰레기 같은 짓이야! 내 얼굴은 벌겋게 달아올랐어요.

"미소야, 캠프 가서 마니또한테 줄 선물이나 사러 가자. 그런데 또 얼굴이 왜 그래? 무슨 일 있어?"

"진희가 캠프에 안 간다고 해서."

미혜는 울상을 짓고 있는 내 얼굴을 보더니 영문을 모르겠다는 표정을 지었어요.

"그게 왜?"

“그게 왜라니? 넌 진희가 캠프에 같이 안 간다는데 서운하지도 않니? 우리는 몇 달 전만해도 삼총사였다고! 저 은행나무에 대고 맹세한!”

갑자기 바람이 불자 은행잎이 사락사락 소리를 내며 떨었어요. 나는 아무렇지도 않게 말하는 미혜의 태도에 너무 화가 났어요. 그래서 씩씩대며 미혜를 앞질러 걸었어요.

여행을 떠나노라면

우리는 종종 여행을 떠납니다. 여행은 판에 박힌 일상을 떠나 새로운 경험을 할 수 있는 좋은 기회입니다. 예전에 미처 느끼지 못한 즐거움을 주기도 하지요. 또 다른 나를 찾고 자신을 뒤돌아볼 수 있는 기회가 되기도 합니다.

사람들은 쓸데없는 고집이나 집착, 아집에 빠져 욕심을 부릴 때가 있습니다. 또 갖고 싶은 것을 가지지 못해 괴로워합니다. 그리하여 번뇌에 빠지지요. 그럴 때 여행은 여유로운 마음과 즐거움을 가져다 줄 수 있습니다.

원효 스님도 여행을 떠났습니다. 여행이란 집을 나서며 언젠가 다시 돌아올 것을 약속하고 떠나는 것입니다. 이것을 '가출'이라 하기도 하고 '출가'라고 부르기도 합니다.

출가는 무언가에 얽매여 있는 우리 자신을 떨치고 보다 큰 진리를 찾

기 위한 여행입니다. 석가모니 또한 출가를 통해 세상과 인간의 진리를 깨달았지요. 석가모니의 뒤를 따라 길을 떠난 사람 가운데 한 분이 대철학자이자 큰스님인 원효 스님입니다.

원효 스님은 왜 여행을 떠났을까요? 그 이유를 정확히 알 수는 없지만 여행을 통해 그는 우리에게 주는 '한마음'의 진리를 발견했습니다. 한마음이란 우리가 나누고 구분하면서 생각하는 모든 것을 떨쳐 버리고 하나로 연결해서 보는 마음입니다. 그리하여 번뇌와 괴로움을 즐거움으로 바꿀 수 있는 마음입니다.

참된 진리의 세계에는 두 개로 나뉘는 마음이 없습니다. 즉, 분별이 없지요. 세상은 여럿이 모여 있는 곳 같지만 결국 하나입니다. 편을 갈라 싸워서 적이 생긴다면 어떻게 될까요? 적도 힘들겠지만 나 역시 고통에 빠집니다.

여행을 떠나 봅시다. 공부에 찌들고 욕심에 얽매어 있는 나를 떠나 새로운 자신을 찾기 위해 원효 스님의 '한마음' 여행을 떠나 봅시다.

2

파도와 바다가 둘이 아니듯이

1. 모여라, 삼총사!
2. 한마음을 찾아서
3. 으악, 선생님과 새털이가?
4. 배내골을 아시나요?
5. 살려 주세요! 살려 주세요!

선남자(善男子)야, 이와 같은 해탈법의 모습은 모두 상(相)도 없고 행(行)도 없으며, 또한 벗어났다거나 벗어나지 못했다는 구별이 없다. 이를 이름하여 해탈이라고 한다.

— 원효, 《금강삼매경론》

1 모여라, 삼총사!

일주일이 어떻게 지나갔는지 모르겠어요. 대부분의 아이들은 방학을 기다렸겠지만 친구들과 서먹한 관계로 방학을 맞으니 나는 기분이 좋지 않았어요.

오늘은 선생님 고향으로 캠프를 가는 날이에요. 친구들이 많이 가면 좋겠지만 과연 몇 명이나 나올지 모르겠어요.

결국 진희와 함께 가는 건 실패예요. 진심을 담아 같이 가고 싶다고 말했지만 소용이 없었어요. 반장은 인화를 부르는데 성공했을까요?

나는 마지막으로 마니또에게 줄 선물을 가방에 담았어요. 마니또가 진희나 미혜가 될지도 모른다는 생각에 선물을 두 개 준비했지만 하나만 가지고 가도 되겠어요.

"미소야, 놀러가는 애 얼굴이 왜 그러니? 안 좋아?"

엄마가 짐을 확인하는 나를 보며 물었어요.

"엄마, 다들 내 맘 같지가 않네."

"갑자기 그게 무슨 소리니?"

"난 미혜랑 진희가 같이 캠프를 갔으면 했는데 걔네는 내 생각과 다르더라고."

"왜?"

엄마가 내 옷을 다시 만져 주시며 물었어요.

"아빠들이 서로 싸웠다고 친해질 수가 없대. 정말 웃기는 핑계지 뭐야."

"그럴 수도 있겠네. 하지만 미혜랑 진희랑 우정이 몇 년인데, 진심은 그렇지 않을 걸? 네 마음이 그렇다면 걔네들도 다 같은 마음이 아닐까? 지금은 서로 먼저 말 걸기가 좀 창피하니까 솔직하게 말하지 못하는 거겠지."

엄마가 웃으며 나를 봤어요.

"정말 그럴까?"

나는 시무룩하게 엄마를 봤어요.

"새털이가 진심은 통한다고 자꾸 말해 보라고 했는데 소용이 없던걸."

"새털이?"

"응, 일주일 전에 전학 온 남자앤데 이름이 장새털이래."

"이름이 참 신기하네. 한 번 들으면 안 잊어버리겠어."

"생긴 것도 그래. 머리를 빡빡 깎아서 동글동글한 게 꼭 축구공 같아. 그리고 키는 작아도 눈빛에 카리스마가 있다니까. 아무튼 좀 묘한 애야."

"일주일밖에 안 됐다면서 벌써 그렇게 파악을 했어?"

"아니, 나만 그렇게 얘기하는 게 아니고 다른 애들도 다 그렇게 말해."

"새털이 얘기하니까 기분이 좀 나아졌나 보다."

엄마가 웃으면서 말했어요.

"새털이는 다른 사람을 기분 좋게 하는 재주가 있나 봐?"

"그런가?"

나는 어깨를 으쓱했어요.

"그런데 전학 온 첫날 미혜 치맛단을 찢어서 미혜랑 원수가 됐다니까."

"그래? 하지만 일부러 그러진 않았을 텐데."

엄마는 보지도 않고 어쩜 그렇게 상황 파악을 잘 하는 걸까요? 나는 엄마의 말에 고개를 끄덕였어요. 사실 그날 미혜가 좀 지나치게 화를 냈어요. 치마가 찢어진 것이 새털이 잘못만은 아니었거든요. 미혜와 새털이 둘 다 잘못했던 거지요. 하지만 그날 미혜는 새털이 혼자 잘못한 것처럼 새털이 탓만 했어요. 하지만 어느 누구도 미혜의 행동에 대해 지적하지 않았어요. 우리 삼총사가 계속 친한 사이였다면 아마 진희가 지적했을 거예요. 진희는 미혜나 내가 옳지 못한 행동을 할 때 알려 주거든요.

"선생님 말씀 잘 듣고 친구들하고 사이좋게 지내다 오렴. 알았지?"

엄마가 나를 보며 윙크했어요. 하지만 엄마가 아무리 윙크를 하고 힘을 내라고 말해도 나는 기운이 나지 않았어요.

학교 운동장에 도착해 보니 명철이, 반장, 미혜, 새털이가 전부였어요. 그럼 그렇지. 나도 그냥 가지 말까요? 다섯 명이서 무슨 단합을 하겠어요? 애들도 너무했죠. 선생님께서 우리 반을 위해 그렇게 애쓰시는데 '나 몰라라' 하고 말이에요.

그 때 누군가 운동장으로 털레털레 들어오는 모습이 보였어요. 인화인가? 나는 반장과 명철이 얼굴을 번갈아 보았어요.

"이인화! 빨리 와!"

반장이 인화에게 열심히 손을 흔들었어요. 하지만 인화는 아무런 대꾸도 하지 않았어요.

"흥! 저 자식은 왜 온 거야? 또 잘난 척하려고?"

명철이가 '흥' 하고 콧방귀를 뀌었어요. 치, 속마음은 안 그러면서. 같이 가고 싶은 친구로 인화를 쓴 게 누군데. 나는 명철이를 보며 피식피식 웃었어요.

"얘들아! 다 모였니?"

선생님께서 우리를 부르며 운동장으로 뛰어오는 모습이 보였어요. 우리 여섯 명은 선생님께 죄송한 듯 서 있었어요.

"하하하. 여섯 명이 전부란 말이지? 첫 번째 단합대회 치고는 많이 모였는데? 좋아, 좋아. 더 많이 모였으면 큰일 날 뻔했어. 차도 작은데 말이야. 그럼 출발해 볼까?"

우리들은 선생님을 따라 차 있는 곳으로 갔어요. 교문 옆에 노란색 작은 버스가 있었어요. 버스 앞 유리에는 '신정초등학교 6학년 2반 단합대회' 라고 쓰인 종이가 붙어 있었어요.

"우와, 선생님. 이 정도면 스무 명은 넘게 탈 수 있겠어요."

명철이가 과자를 먹으며 말했어요.

"하하하. 스무 명은 뭐. 한 사람이 두 자리씩 편하게 앉아라. 알았지?"

선생님께서 멋쩍게 웃으며 버스에 오르셨어요. 그리고 운전석에 앉으셨지요.

"선생님께서 직접 운전하세요?"

미혜가 놀라며 물었어요.

"내가 한때는 고속버스도 몰았지. 하하하."

"고속버스요?"

우리는 모두들 놀랐어요.

"자, 모두들 탔으면 출발해 볼까? 출발하기 전에 어디 이름 한번 불러 보자. 박명철, 전미소, 김지웅, 노미혜, 이인화, 장새털, 임진희!"

"임진희는 안 왔는데요."

나는 시무룩하게 진희가 안 왔다고 말했어요. 그 때였어요.

"헥헥, 내가 안 오긴 왜 안 오냐? 헥헥헥."

진희가 헐레벌떡 버스로 뛰어 들어오며 말했어요. 진희는 아무 자리에 털썩 앉아 숨을 가쁘게 몰아쉬었어요.

"임진희!"

나는 화들짝 놀라 자리에서 벌떡 일어났어요. 그리고 진희 손을 확 잡아당겼어요.

"미혜야, 진희 왔어!"

나는 호들갑스럽게 미혜를 불렀어요. 하지만 미혜는 새치름하게 창밖만 바라보았어요.

"자, 다들 앉아서 안전띠를 매세요. 6학년 2반 단합대회 차가 이제 출발합니다!"

차에 시동이 걸리고 교문을 벗어나기 시작했어요. 구름 한 점 없는 맑은 하늘과 창문 사이로 들어오는 여름 바람이 무척 시원했어요. 우리를 배웅하듯 서 있는 플라타너스 나무는 시원스레 큰 잎을 흔들고 있었어요.

버스 안의 고요를 깨뜨린 사람은 명철이었어요.

"장새털, 너는 왜 이름이 장새털이야?"

명철이가 새털이에게 물었어요. 친구들도 그 이유가 궁금했는지 다들 고개를 끄덕였어요.

"우리 부모님께서 원효 스님을 너무 존경한 나머지 내 이름을 그렇게 지으신 거야."

"원효 스님을 존경하셨어? 그럼 이름을 원효라고 해야지."

진희가 말했어요. 우리는 진희의 말에 또 한 번 고개를 끄덕였지요.

2 한마음을 찾아서

"아, 그건 '새털'이 원효 스님 어렸을 적 이름이거든."

새털이가 말했어요.

"그렇구나. 그럼 너도 크면 원효 스님이 되는 거야? 그래서 머리를 빡빡 깎은 거야?"

명철이가 또 물었어요.

"글쎄, 그건 모르겠는걸. 하지만 머리는 시원하잖아."

새털이가 자신의 머리를 만졌어요. 이름에 대한 이야기를 듣고 보니 새털이가 좀 달라보였어요. 어쩌면 진짜 스님이 될지도 모른다는 생각이 들었어요. 스님이 되어 목탁을 두드리는 새털이를 상상하니 웃음이 나왔어요.

"그런데 원효 스님이라, 많이 들어보긴 했는데 원효 스님이 무슨 일을 한 사람이야?"

명철이가 물었어요.

"넌 그것도 모르냐? 수업 시간에 뭘 했냐?"

인화가 나섰어요. 누가 일등하는 애 아니랄까 봐요.

"그러는 넌 알아?"

명철이가 퉁명스럽게 말했어요.

"원효 스님 하면 '한마음' 이지. 맞죠? 선생님."

인화가 으스대며 말했어요.

"오, 인화 대단한걸. 그런데 원효 스님이 말한 한마음이 뭔지 알아?"

"에이, 선생님은 그것도 몰라요? 그건 저도 알아요. 한마음이 뭐 특별한 건가요? 한마음. 똑같다는 뜻이잖아요. 일편단심 민들레, 부부 일심동체. 뭐 그런 거 아니에요?"

"와! 박명철 대단한데!"

명철이의 대답에 탄성이 터졌어요. 선생님께서도 크게 고개를 끄덕이셨어요. 명철이는 한마음에 대해서 자신이 아는 만큼 주저리주저리 말했어요.

"띠워주니까 잘난 척하기는."

진희가 말했어요.

"명철이 말이 다 틀린 건 아닌데. 그렇다고 해서 모두 맞는 것도 아니야."

선생님의 말씀에 우리는 의아해 했어요.

"한마음에 다른 뜻이 또 있다는 말씀이세요?"

내가 선생님께 다시 여쭈었어요.

"명철이가 말하는 한마음은 생각이 같다는 뜻이지?"

"네."

"그런데 원효 스님이 말한 한마음은 이런 거야. 우주에 있는 수많은 것들, 사람, 사물, 그리고 사람 중에도 이 사람, 저 사람. 또 사물 중에도 짐승, 꽃, 하다못해 우리가 학교 다니고 놀러 다니는 일까지 말이야. 여러 가지가 있지?"

"네."

"또 지구촌 한가족이라고 해도 사람들이 사는 방법이 모두 다

소각장 반대
소각장 찬성!

다르고."

"네."

"우리 앞에 펼쳐진 수많은 것들, 그 많은 세계를 어떻게 인식하고 어떤 방법으로 만나야 하는 것인지 가르쳐 주는 것이 원효의 한마음이란다."

"아, 그렇군요."

대충 알아들은 척 둘러대긴 했지만 선생님 설명이 조금 어려웠어요. 어떻게 한마음으로 그 많은 세계를 인식하고, 또 만날 수가 있는 걸까요?

버스가 동네를 막 벗어나려고 할 때 나는 도로 왼편과 오른편에 붙어 있는 현수막을 봤어요. 왼편에는 쓰레기 소각장을 반대한다는 문구가, 오른편에는 찬성한다는 문구가 붉은 글씨로 선명하게 쓰여 있었어요. 그리고 그 현수막 주위에는 어른들 서너 명이 서 있었어요.

"응? 아빠?"

미혜가 창문 너머에 있는 어른들을 가리켰어요.

"아빠, 저기서 또 하는 거야?"

미혜의 목소리에 짜증이 배어났어요.

"소리 높여 소각장 찬성을 외치는 거겠지."

진희가 삐딱하게 말했어요. 그 말을 들은 미혜가 진희를 째려보았어요.

"노미혜, 너 그거 알아?"

인화가 불렀어요.

"뭘?"

미혜가 사납게 목소리를 높였어요.

"쓰레기 소각장 하나가 생기면 환경 파괴가 얼마나 빨리 진행되는지, 그리고 동네가 얼마나 지저분해지는지."

인화가 팔짱을 낀 채 말했어요.

"알리가 있나. 우리 아빠가 그러시는데, 소각장을 찬성하는 건 다 자신에게 이익이 있어서 그런 거래. 동네를 생각하면 쉽게 찬성한다는 소리가 안 나온다는 거지."

진희의 말에 인화가 고개를 끄덕였어요.

"뭐? 그럼 미혜네 아버지가 자신의 이익 때문에 저기 서 계신다는 거야?"

명철이도 소리를 높였어요.

"너희들!"

미혜의 얼굴이 빨개졌어요.

"애들아, 그만해."

반장과 내가 친구들을 말렸어요. 이러다 또 편이 갈리겠어요.

"애들아, 이 버스 안에서는 쓰레기 소각장 얘기는 그만하자. 알았지?"

선생님께서 말씀하셨어요. 미혜와 진희는 고개를 '획' 돌린 채 창밖만 바라보았어요. 나는 캠프에 대한 기대가 점점 물거품이 되어 날아가는 상상을 했어요. 나는 고개를 절레절레 흔들었어요.

"이런 건 원효의 한마음이 아닌데. 사람들은 이 세상에 있는 것들을 적대적이거나 모순된 시선으로 바라보기 일쑤야. 그걸 넘어서 세상을 하나로 연결시켜 조화롭게 바라볼 때 이 세상이 평안한 거란다. 그걸 원효 스님은 '화쟁(和諍)'이라고 했지."

화쟁? 아쟁이란 악기는 들어봤는데 화쟁이라고요?

"지금의 너희들의 모습을 보렴. 서로 자신의 주장만 내세울 뿐, 다른 사람의 의견은 듣지도 않고 무시하고 있지 않니? 그럼 이 여행은 아무 소용이 없단다. 크게 마음먹고 집을 떠났을 때는 뭔가를 얻어 가야 하지 않겠니?"

버스에는 선생님이 튼 음악이 흘러나오고 있었어요. 아름다운 선율은 이내 금이 간 우리들의 마음을 어루만졌어요. 마음이 차분하게 가라앉으면서 음악에 귀를 기울이게 되었어요.

"에헴, 어느 한쪽으로 치우치지 않고 세상을 하나로 연결시켜 참된 진리를 알아내려는 생각이 화쟁의 근본이라오. 히히히."

짐짓 어른 목소리를 흉내 내는 새털이 때문에 우리는 결국 웃고 말았어요. 새털이의 장난 덕분에 답답했던 버스 안 공기는 다시 시원해졌어요.

'마을아, 안녕! 내가 여행에서 한마음을 찾아서 돌아올게.'

우리가 탄 버스는 어느덧 고속도로에 들어서고 있었어요. 하지만 고속도로를 나서면서부터 길은 꽉 막혔어요.

"뭐야, 차가 가질 않네. 다들 어디를 가는 건지."

진희가 말했어요. 나는 서울로 올라가는 맞은편 도로를 보았어요. 뻥뻥 뚫린 도로 위를 차들이 신나게 달리고 있었어요. 나와 친구들은 가만히 서 있는 버스 안에서 한숨을 쉬며 서울로 올라가는 차들을 부러운 눈빛으로 바라보았어요.

3 으악, 선생님과 새털이가?

자다 깨다를 몇 번 반복한 후에야 선생님의 경쾌한 목소리를 들을 수 있었어요.

"자, 애들아, 다 왔다! 배내골에 오신 것을 환영합니다!"

우리는 배내골이란 말에 창밖을 두리번거렸어요. 띄엄띄엄 서 있는 집들과 집 뒤로는 병풍처럼 펼쳐져 있는 산이 보였어요. 부드럽게 이어진 산등성이를 보고 있자니 눈의 피로가 풀리는 것 같았어요. 우리는 버스에서 내려 힘껏 기지개를 켰어요.

"역시 공기가 달라, 정말 달라."

나의 말에 미혜와 진희도 크게 심호흡을 했어요. 그리고 나를 보며 고개를 끄덕였어요.

"그런데 왜 이름이 배내골일까?"

미혜가 물었어요.

"맑은 계곡 옆으로 야생 배나무가 많이 자라서 이천동(梨川洞)이라고 한단다. 배 이(梨), 내 천(川), 골 동(洞). 그래서 배내골이라 하는 거야."

새털이의 대답에 우리는 깜짝 놀랐어요.

"네가 그걸 어떻게 알아?"

나는 새털이를 보고 물었어요. 하지만 새털이는 선생님을 보고 씩 웃을 뿐 대답을 하지 않았어요. 그러자 선생님도 새털이를 보고 씩 웃었어요. 우리는 새털이와 선생님을 어리둥절한 표정으로 바라보았어요. 수상해. 둘에게 뭔가 있어. 전학 온 날부터 이상했었는데……. 그게 뭐지?

"그럼 물도 많아?"

명철이가 물었어요.

"그렇지. 또 물이 어찌나 맑은지. 너희도 본다면 그 물빛에 반해

버릴 거다."

"넌 여기 많이 와 본 사람처럼 말한다."

내가 또 말했어요.

"여기가 이 고장에서 관광 명소거든."

새털이가 씩 웃으며 말했어요.

"우와, 그럼 우리 이따 계곡물에 들어가서 물놀이해도 돼요?"

내가 물었어요.

"당연히! 안 돼."

선생님께서는 배내골 계곡에 절대로 들어가면 안 된다고 말씀하셨어요.

"왜요?"

우리는 실망이 가득한 목소리로 물었어요.

"밀양댐 건설로 배내골 전역이 상수도 보호구역으로 지정이 됐어. 그리고 자연발생 유원지 지정이 해제되어서 물놀이나 취사 행위는 금지야."

"그게 대체 무슨 말이에요?"

"어쨌든 물놀이를 하면 안 된다는 말이야."

"넌 자연보호란 말도 모르냐?"

인화가 선생님께 되묻자 명철이와 지웅이가 차례대로 톡 쏘아 붙이며 말했어요. 명철이는 인화의 뒤통수에 대고 중얼거렸어요.

"하지만 손은 담가도 되지요?"

선생님께서 빙그레 웃으며 대신 대답했어요.

"오케이."

우리는 모두 선생님이 이끄는 대로 농가로 들어갔어요.

"아이꼬, 이게 누꼬?"

그 때 거실 유리문이 열리면서 한 할머니께서 신발도 신지 않으신 채 내려오셨어요.

"새털이 아이가?"

우리는 할머니께서 새털이를 알아보시기에 무척 놀랐어요. 그리고 할머니와 새털이를 번갈아 바라보았어요.

"할매요, 안녕하셨습니꺼?"

새털이는 할머니를 보자 바로 사투리가 튀어나왔어요. 우리는 새털이의 사투리에 키득키득 웃었어요.

"그란데 니 삼촌은 와 안 오노?"

할머니께서 대문 밖을 바라보았어요.

"삼촌? 또 누가 오시기로 했나?"

지웅이가 새털이를 보고 말했어요. 새털이는 빙긋이 웃기만 했어요. 우리도 할머니와 함께 대문 밖을 봤어요. 그 때 선생님께서 대문으로 성큼성큼 들어오셨어요.

"설마, 선생님이 삼촌?"

우리는 뒤통수를 세게 얻어맞은 기분이었어요. 아니, 이럴수가. 이것이 사실이라면! 우리는 서로를 쳐다보았어요. 그리고 모두 새털이를 쏘아보았어요. 설마 새털이가 선생님의 스파이?

"아, 뭐야. 설마 우리가 선생님 못생겼다고 흉본 거 새털이가 선생님께 이른 건 아니겠지?"

나는 진희에게 작게 말했어요.

"내가 제일 많이 욕했는데. 난 이제 완전 찍혔어."

진희가 고개를 푹 숙였어요.

"아이고, 이게 얼마만이가. 어서 온나."

"작은 어머니, 안녕하셨습니꺼?"

"선생님도 사투리를?"

진희가 키득거렸어요.

"퍼뜩퍼뜩 마루로 들어온나. 다들 새털이 친군가배."

할머니께서 우리를 마루로 들어오게 하셨어요.

"다들 인사드려라. 새털이 작은 할머니셔."

선생님께서 환하게 웃으시며 말씀하셨어요.

"그리고 선생님과 새털이는 삼촌과 조카고요?"

인화가 안경 너머로 새털이와 선생님을 번갈아 보며 말했어요. 설마설마 했는데……. 새털이와 선생님께서 빙그레 웃으며 고개를 끄덕였어요. 어쩐지 새털이 처음 봤을 때 선생님하고 약간 닮았다는 생각이 들더라니. 선생님 못생겼다고 괜히 흉봤지 뭐예요.

4 배내골을 아시나요?

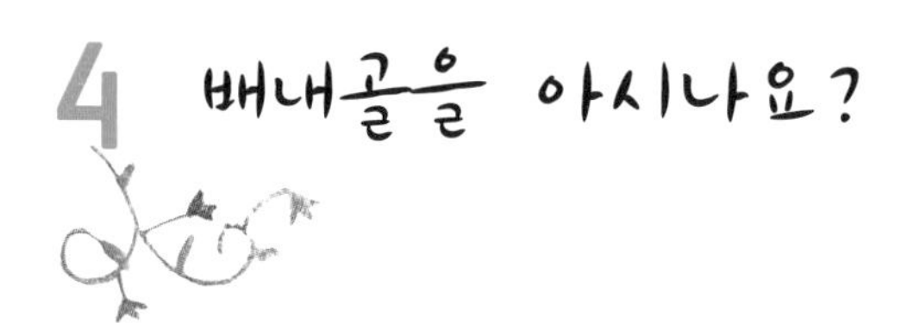

선생님께서 우리가 묵을 방을 정해 주셨어요. 그리고 선생님께서는 우리가 짐을 푸는 동안 동네 어른들께 인사를 하러 나가셨어요. 나랑 미혜랑 진희는 작년 겨울 캠프 이후 처음으로 한방을 쓰게 되었어요. 나는 좋은데 미혜와 진희는 여전히 서먹한가 봐요. 남자애들도 마찬가지예요. 같은 방을 쓰게 된 명철이, 인화, 지웅이도 사이가 썩 좋아 보이지는 않았어요.

"선생님 오실 동안에 우린 뭐하지?"

명철이가 말했어요.

"새털이가 이곳을 잘 알겠지? 새털이한테 동네 구경시켜 달라고 하자."

진희가 말했어요.

"난 피곤해. 그냥 방에서 쉴래."

미혜가 방으로 들어가려고 하기에 내가 얼른 붙잡았어요.

"여기까지 와서 혼자 놀기 없기다."

그리고 나는 미혜 앞에 미혜의 신발을 가지런히 놓았어요.

"여기까지 와서도 공주인 줄 아나?"

진희가 신발을 신고 마당으로 나오며 말했어요. 미혜가 진희를 째려봤어요.

"또, 또! 그만합시다."

나는 미혜와 진희를 진정시켰어요.

"시골에서는 운동화보다 고무신이 더 편한데……."

새털이가 우리 앞에서 고무신에 묻은 먼지를 털었어요. 그리고 고무신을 신고 먼저 대문 밖으로 나갔어요.

"정말 매너 없다."

미혜가 짜증을 내며 말했어요. 우리는 새털이 뒤를 따라갔어요.

"어디부터 가 볼까?"

새털이가 뒤를 돌아보며 물었어요.

"배내골부터 가 보자. 손은 담가도 된다고 했잖아. 다슬기랑 송사리 같은 물고기가 있을 거 아니야."

내가 손뼉을 치며 배내골을 추천했어요. 우리는 새털이를 따라 배내골로 향했어요. 나는 미혜와 진희 가운데 서서 둘의 팔짱을 꼭 꼈어요. 그런데 예상과는 다르게 미혜와 진희가 팔을 빼지 않았어요. 나는 팔에 더욱 힘을 줬어요.

오솔길에 들어서자 시원한 바람이 땀을 식혀 주었어요. 점점 숲속으로 들어가면서 마음이 편안해 졌어요. 시험과 학원에 대한 스트레스도, 시끄러운 쓰레기 소각장 문제도 바람과 함께 싹 날아간 듯한 느낌이 들었어요.

'쏴쏴' 계곡물이 흐르는 소리가 들렸어요. 오솔길에서 벗어나자 바닥이 훤히 보이는 계곡이 보였어요.

"꺄악, 여기가 배내골이야? 야, 물 진짜 진짜 깨끗하다. 어쩜 이렇게 깨끗할까!"

나는 앞에 펼쳐진 계곡을 보고 할 말을 잃었어요.

"이게 무슨 색이야? 초록도 청록도 아니고, 그렇다고 쪽빛도 아니고……. 물에 비친 산 그림자 좀 봐."

나는 계속 감탄했어요. 친구들도 계곡과 주변 경관을 보며 계속 탄성을 질렀어요.

"우리나라에 이런 곳이 있을 줄은 정말 몰랐다."

명철이가 말했어요.

"넌 원래 먹는 거 빼고는 관심이 없잖아."

인화가 나무랐어요.

"너희들은 이렇게 좋은 풍경을 보면서 싸우고 싶니?"

나는 인화와 명철이를 째려봤어요.

"손을 담그니까 너무 시원해."

미혜가 웃으면서 우리를 봤어요. 친구들도 모두 계곡물에 손을 담갔어요. 한 여름의 더위가 싹 가시는 것 같았어요.

"저 장엄한 산봉우리들을 봐. "

나는 허리를 펴고 산을 봤어요.

"산이 마치 우리를 향해 다가오는 것 같아."

진희도 말했어요.

"산, 나무, 풀, 물, 모두 다르게 생겼는데 이렇게 다른 것들이 모여서 어떻게 고요함을 유지할 수 있지?"

지웅이가 말했어요.

"이렇게 조용한 곳에 있으니까 내 맘도 아주 평화로워지는 것 같은데. 이런 평화, 정말 오랜만이야."

인화가 심호흡을 크게 했어요.

"너희들 지금 물아일체를 말하는 거니?"

새털이가 피식피식 웃으면서 말했어요.

"물아일체? 그게 뭔데?"

명철이가 물었어요.

"이렇게 무식해서야. 자연과 내가 하나라는 뜻이잖아."

인화가 또 핀잔을 주며 말했어요.

"자연과 내가 어떻게 하나야? 무식한 건 너다, 이인화!"

"이런 무식한 애는 평생을 살아도 물아일체는 모를 거야."

인화가 낄낄대며 말했어요.

"우리, 저쪽으로 건너가 보자."

미혜가 계곡 건너편을 가리켰어요. 생각보다 계곡물이 깊지 않았어요.

"어떻게 건너가?"

진희가 물었어요. 그러자 미혜가 바지를 걷어 올렸어요. 그리고 계곡물로 풍덩 들어갔어요.

"금방 갔다 오자. 들어와 봐. 진짜 시원해."

미혜가 웃으며 천천히 물을 가로질러 건너편으로 갔어요. 나도 미혜를 따라 바지를 걷고 물속으로 들어갔어요.

"우와, 진짜 시원해!"

다음에 진희가 들어오자 남자애들도 줄줄이 따라 들어왔어요.

"애들아, 이거 책에서 봤던 다슬기 아니니? 이건 송사리야?"

우리는 물속에서 첨벙거리며 미혜가 가리킨 곳으로 우르르 몰려갔어요. 우리들 때문에 송사리 떼가 이리저리 도망갔어요.

"우리 팀을 나눠서 누가 다슬기 많이 따나 시합할까?"

미혜가 환하게 웃으며 말했어요.

"좋아!"

나와 진희가 소리쳤어요. 우리는 남자대 여자로 팀을 나누어서 다슬기 따기 시합을 했어요. 새털이가 심판을 했고요.

"시작!"

새털이의 시작 소리에 맞춰서 우리는 일제히 허리를 굽히고 다슬기를 따기 시작했어요.

"내 모자에 다슬기를 담자."

진희가 선뜻 모자를 벗었어요. 우리는 누가 먼저랄 것도 없이 서로를 응원하며 다슬기를 점점 많이 따 갔어요.

"너희들 거기서 뭐하니?"

그 때 근처를 지나가시던 아저씨께서 우리를 부르셨어요.

"다슬기 따요!"

우리들은 동시에 대답을 했지요.

"그만하고 집으로 가거라! 곧 소나기가 올 것 같아!"

우리는 소나기라는 아저씨 말에 하늘을 보았어요. 하늘은 구름 한 점 없이 맑았어요. 눈을 씻고 봐도 먹구름은 보이지 않았어요. 아무래도 비는 올 것 같지 않았어요.

"아저씨가 지금 우리에게 거짓말을 하신 거야? 비가 어디 와?"

명철이 다시 다슬기를 주웠어요.

"이제 그만 가자. 아저씨 말대로 비가 올 것 같아. 바람이 아까와 좀 다르지 않아?"

새털이가 걱정하며 말했어요.

"네가 자연인이냐? 바람이 어쩌고저쩌고. 겁이 나면 너 먼저 가든지."

명철이가 말했어요.

"우리 조금만 더 위로 올라가 보자."

우리는 미혜의 말을 따라 계곡의 상류로 올라갔어요. 나는 새털이와 하늘을 번갈아 보았어요. 새털이는 걱정하는 눈빛이 역력했어요.

"자, 우리가 이겼다!"

미혜가 소리쳤어요. 진희도 미혜 손을 잡고 좋아했어요.

"이렇게 많은 다슬기로 뭐하지?"

내가 물었어요.

"뭘하긴. 다시 물에 놔줘야지."

미혜가 아무렇지 않게 말했어요.

"뭐? 이렇게 힘들게 딴 것을?"

명철이가 말했어요.

"박명철, 넌 자연보호도 모르냐?"

미혜는 명철이를 슬쩍 흘겨본 후 다슬기를 우르르 물에 풀어 주었어요. 미혜의 입에서 자연보호 얘기가 나오다니 믿을 수 없었어요. 그런 미혜의 모습이 평소와는 달라 보였어요. 진희도 미혜를 도와 잡은 다슬기를 물에 풀어 줬어요.

5 살려 주세요! 살려 주세요!

“앗, 차가워!”

얼굴에 빗방울이 똑 떨어졌어요.

“어? 진짜 빗방울이 떨어지네. 빨리 마을 쪽으로 건너가자.”

미혜는 바로 물을 가로질러 가려고 했어요. 그 때 새털이가 미혜의 팔을 확 잡아당겼어요.

“위험해! 이쪽은!”

“뭐가 위험하다는 거야? 물이 깊지 않으니까 빨리 건너가면 비를 맞지 않을 수 있어."

미혜가 말했어요.

"하류까지 내려가서 아까 우리가 건넜던 곳으로 건너야 해. 이곳은 깊어 보이지는 않지만 물살의 빠르기가 하류와 달라. 그리고 바닥이 고르지 않아서 어느 쪽이 깊이 패었는지 모른단 말이야."

새털이가 말했어요.

"겁쟁이."

미혜가 새털이의 손을 뿌리치고 앞서 걸었어요. 그 때 빗방울이 후두둑 떨어지기 시작했어요.

"우물쭈물하다가 너 때문에 비를 다 맞게 될 거야. 난 지금 빨리 가겠어!"

그리고 미혜는 물속으로 성큼성큼 걸어갔어요. 미혜가 발을 떼는 순간 몸이 휘청거리며 물에 빠질 뻔했어요.

"노미혜!"

우리는 미혜를 불렀어요. 새털이가 미혜를 잡지 않았다면 미혜는 아마 물속에 빠지고 말았을 거예요.

"앗, 내 샌들!"

미혜의 샌들이 하류로 떠내려가 금세 보이지 않았어요. 새털이가 미혜의 손을 잡고 물 밖으로 나왔어요. 그리고 자신이 신었던 고무신을 미혜에게 벗어 주고 하류 쪽으로 먼저 걸어갔어요.

"빨리 와! 이러다가 하류 쪽으로도 건너지 못하겠어."

빗방울이 점점 거세어졌어요.

"미혜야! 뭐해! 빨리 고무신 신어!"

진희가 소리쳤어요.

"빨리 신어!"

나도 재촉했어요. 미혜가 훌쩍훌쩍 울기 시작했어요. 그리고 자신의 나머지 한쪽 샌들을 벗어 손에 들고 새털이의 고무신을 신었어요.

"빨리 뛰어!"

새털이가 돌아서서 소리쳤어요. 우리는 새털이의 소리에 일제히 있는 힘껏 달렸어요. 그리고 가까스로 처음 계곡을 건넜던 그곳에 도착했어요. 뛰는 동안 이미 몸은 홀딱 젖었고 계곡물은 눈 깜짝할 사이에 불어났어요.

"큰일이네. 이쪽으로도 못 건너겠어."

새털이가 말했어요.

"이제 우리는 어떻게 되는 거야?"

진희의 목소리가 떨렸어요.

"물이…… 물이 점점 이쪽으로 올라오고 있어."

방금 전까지도 얕았던 계곡물이 어느새 우리가 서 있는 땅까지 올라오고 있었어요.

"어떡해? 어떡하지?"

나는 진희와 미혜의 손을 꼭 잡았어요.

"호랑이한테 잡혀가도 정신만 차리면 된다고 했잖아."

지웅이가 힘을 주어 말했어요.

"우리 다 같이 소리쳐 보자. 미소야, 겁내지 마."

지웅이가 우리를 보고 눈에 힘을 주었어요.

"살려 주세요! 살려 주세요!"

"콸콸콸, 콸콸콸."

그러나 계곡에서 쏟아져 내려오는 물소리에 우리 목소리는 묻히고 말았어요.

"으르릉 콰광!"

"캬!"

우리는 천둥소리에 깜짝 놀라 서로를 부둥켜 앉았어요. 산등성이 위로 무섭게 내리꽂히는 벼락도 봤어요. 우리는 서로를 껴안고

덜덜덜 떨었어요.

한 시간 전까지도 평화롭던 배내골은 마치 전쟁터 같았어요. 우리는 사방에서 울리는 자연의 폭격 소리를 들으며 두려움에 떨었어요. 물소리, 천둥소리, 세차게 내리는 빗소리 때문에 바로 옆에 있는 친구들 목소리도 알아듣기 힘들었어요.

"다시 한 번 힘을 내서 소리쳐 보자! 하나, 둘, 셋!"

지웅이가 크게 소리를 질렀어요.

"살려 주세요! 살려 주세요!"

우리의 외침은 사방이 꽉 막힌 공간에서 지르는 것과 같았어요.

"아까 동네 어른이 우리가 이곳에 있는 걸 보셨으니까 어른들이 우리를 찾아 나설 거야."

새털이가 말했어요. 아직 네 시 밖에 되지 않았지만 먹구름이 온통 하늘을 덮어서 주위는 어두웠어요.

"배고파."

명철이가 바닥에 털썩 주저앉았어요.

"먹을 게 다 떨어졌어. 난 주머니에 먹을 게 없으면 죽을 것 같단 말이야. 괜히 미혜를 따라 왔다가 이게 무슨 고생이야!"

미혜는 아무 말도 하지 못하고 오돌오돌 떨고 있었어요.

"그게 왜 미혜 탓이야? 너도 재밌게 다슬기 주웠잖아."

진희가 무섭게 화를 냈어요.

"배내골 오자고 한 사람이 누구지?"

인화의 말에 나는 뜨끔했어요.

"하여튼 여자애를 따라오는 게 아니었어."

"뭐! 이인화! 거기에 왜 여자가 들어가!"

진희가 이번에도 파르르 떨며 말했어요.

"그만, 그만해! 여기서 싸운다고 무슨 문제가 해결되겠니?"

지웅이가 크게 말했어요.

"새털이 말대로 어른들이 금방 오실 거야."

지웅이가 확신에 찬 목소리로 말했어요.

"아, 배고파 죽겠다."

명철이가 힘없이 말했어요.

"걱정하지 마. 아무 일도 없을 거야! 봐봐. 더 이상 물이 차오르지 않잖아."

진희의 말에 우리는 계곡물을 보았어요. 물은 굉음을 내며 무서운 속도로 흘렀지만 더 이상 우리 쪽으로 차오르지는 않았어요. 모두를 삼킬 것 같이 무섭게 쏟아지던 소나기도 멈췄어요. 아까까지 다슬기를 잡으며 신나게 놀았는데 이제 계곡이 무서웠어요.

비에 젖은 몸에서는 모락모락 김이 났어요. 우리는 서로에게 바짝 붙어서 추위를 떨쳐 보려고 애썼지만 어림도 없었어요. 입술이 파랗게 질리고 이가 저절로 따닥따닥 부딪쳤어요.

"꼬르륵, 꼬르륵."

친구들 배 속에서는 인정사정없이 배고픔을 알리는 신호가 울렸어요.

"춥고 배고프고 날은 점점 어두워지고. 거지가 따로 없군."

인화가 힘없이 말했어요.

새털이가 자신의 주머니에서 부스럭부스럭거리며 뭔가를 꺼냈어요.

"이거라도 먹을래?"

"뭔데, 뭔데?"

바닥에 주저앉았던 명철이가 벌떡 일어났어요.

"이리 줘 봐."

그리고 새털이 손에 들려 있던 과자 봉지를 잽싸게 낚아챘어요.

"박명철! 나눠 먹어야지!"

진희가 소리쳤어요.

“뭐야, 이거 건빵이잖아. 내 평생 과자로 취급하지도 않던 건빵을 이곳에서 만나다니.”

명철이가 건빵 하나를 꺼내 우적우적 씹었어요.

“이 맛이야! 이건 세상에서 제일 맛있는 과자야!”

명철이는 눈을 게슴츠레 뜨고 건빵을 맛있게 먹었어요.

“너만 먹냐? 이리 줘 봐.”

인화는 명철이가 들고 있던 건빵 봉지를 ‘탁’ 쳤어요. 그 바람에 건빵 봉지가 바닥에 나뒹굴었어요. 그래서 건빵 여러 개가 땅바닥에 떨어지고 말았어요.

“이인화! 이 자식, 이렇게 귀한 식량을!”

명철이가 땅바닥에 떨어진 건빵을 얼른 주워 후후 불고는 전부 입에 집어넣었어요.

“아까는 미안했어. 여자 어쩌고 한 거 미안해. 너희도 배고플 텐데 어서 먹어.”

인화가 남은 건빵을 나에게 주었어요. 건빵은 우리들만큼 딱 일곱 개가 남았어요. 나는 각자의 손에 건빵을 하나씩 나눠 주었어요. 우리는 세상에서 제일 귀하고 맛있는 과자를 입에 넣고 천천히 녹여 먹었어요. 명철이 말대로 세상에서 제일 맛있는 과자였어

요. 나는 새털이의 맑고 투명한 눈을 보았어요.

"고마워, 새털아."

나는 작게 말했어요. 새털이가 나에게 미소를 지었어요.

"얘들아!"

그 때 선생님과 어른들이 우리를 부르는 소리가 들렸어요.

"선생님! 선생님! 여기예요!"

선생님과 어른들을 보자 나는 참았던 눈물이 왈칵 쏟아졌어요. 나뿐만 아니라 새털이를 빼고 우리 모두 다 훌쩍이고 있었어요.

"선생님이 그쪽으로 갈 테니 절대 움직이면 안 된다!"

"네!"

선생님과 한 어른이 작은 고무보트를 타고 우리 쪽으로 조심스럽게 건너왔어요.

"선생님!"

우리는 선생님께 달려가 와락 안겼어요. 선생님께서는 우리 한 사람, 한 사람의 얼굴을 만지시며 말씀하셨어요.

"다들 아무 일 없니? 괜찮은 거야? 다친 데는 없고?"

"네!"

"아, 선생님, 배고파 죽겠어요."

명철이가 다 죽어 가는 소리로 말했어요. 명철이의 말에 우리는 고개를 끄덕였어요.

"비오는 날은 김치 부침개가 딱인데. 진희 어머니께서 예전에 해 주셨던 부침개가 생각난다."

미혜가 작게 말했어요.

"서울 가면 우리 엄마한테 또 김치 부침개 해 달라고 해서 다 같이 먹자."

진희가 밝게 웃으며 말했어요. 우리는 진희를 보고 고개를 끄덕였어요. 고무보트에 타기 전에 미혜가 친구들에게 말했어요.

"명철아, 인화야, 지웅아, 새털아. 너희들 나 때문에 고생 많았어. 정말 미안해."

미혜가 맨발로 서 있는 새털이를 물끄러미 바라보았어요.

계곡 건너편에 도착하자 새털이의 작은 할머니와 동네 어른들께서 우리들을 꼭 안아 주셨어요.

"할머니."

진희, 미혜, 나는 할머니에게 안겨 '엉엉' 소리 내어 울고 말았답니다. 어른들께서 따뜻한 담요로 우리의 몸을 감싸 주셨어요.

우리는 담요를 뒤집어쓴 채 콧물과 눈물로 범벅이 된 서로의 얼굴을 보고 키득거렸어요.

"울다가 웃으면 어디에 털 난다!"

인화가 우리를 보고 혀를 날름거렸어요. 그리고 담요를 머리 끝까지 뒤집어쓴 채 뒤뚱거리며 뛰어갔어요.

"너! 이인화! 나한테 잡히면 죽는다!"

미혜가 크게 소리쳤어요. 그리고 미혜 역시 인화처럼 머리 끝까지 담요를 뒤집어쓴 채 뒤뚱거리며 인화의 뒤를 쫓았어요. 진희가 나를 보고 윙크했어요.

"거기 서! 이인화!"

진희와 나도 담요를 뒤집어쓰고 미혜의 뒤를 따라 뛰었어요. 얼마 만에 우리 셋이 뛰는 건지. 가슴이 뻥 뚫린 듯 시원한 바람이 온몸으로 스며들었어요.

한마음이란?

'물아일체(物我一體)'라는 말이 있습니다. 물아일체에서 '물(物)'은 세상에 있는 모든 사물을 뜻하고, '아(我)'는 나 자신을 뜻합니다. 물아일체는 세상 만물과 내가 '일체(一體)' 즉, 하나라는 뜻이지요. 예전에는 따로 떨어져 있어서 둘인 줄 알았지만 '둘이면서 하나'임을 깨닫게 되는 것입니다.

마음 안에도 두 마음이 있습니다. 한마음이 갈라진 것입니다. 욕심이 우리 마음을 나눕니다. 거울 같이 깨끗한 참된 마음에 먼지가 끼어 맑은 것이 드러나지 않기 때문입니다. 공부할 때 잡념이 드는 경우도 '공부를 하려는 마음'과 '공부를 방해하는 마음'으로 나뉘기 때문입니다. 만약 '공부를 방해하는 마음'을 없앤다면 집중이 잘 될 것입니다.

한마음은 모든 것의 뿌리입니다. 삶과 죽음, 더러움과 깨끗함, 움직임과 고요함과 같은 상대적인 것들이 공존합니다.

원효의 사상을 대표할 수 있는 '한마음'이란 욕망의 절제를 위한 것입니다. 욕망이란 무엇일까요? 그것은 무언가를 필요 이상으로 바라는 것입니다. 우리는 이 세상에 대해 알기 시작하면서부터 많은 것들을 계속해서 소유하려고 합니다. 인류 역사의 대부분이 바로 소유하고자 하는 욕망과 충동에 의해 발생하게 된 것이지요.

우리는 재물이나 권력, 명예를 얻으려는 욕심 때문에 올바른 삶을 살기가 쉽지 않습니다. 그래서 원효는 중생들이 욕망을 절제하는 것이 중요하다고 여겼습니다. 원효가 살던 삼국시대는 권력을 잡은 통치자들이 영토를 넓히려는 욕심으로 가득 차 있었습니다. 이 욕심이 사람들을 서로 증오하게 만들고 고통에 빠뜨린다고 생각했지요. 그래서 원효는 '한마음' 사상을 펼침으로써 집착과 욕망에 얽매인 사람들을 참된 세상으로 이끌고자 노력했습니다.

3

토함산에 올랐더니

부처의 본질은 바로 한마음이다. — 원효, 《열반경종요》

1 천당문과 지옥문

악몽 같았던 배내골 사건이 있은 다음 날 우리는 경주로 향했어요. 모두 선생님의 계획이었죠.

우리는 선생님을 따라 등산을 했습니다. 경주의 동쪽을 둘러싸고 있는 토함산은 이 지방에서 가장 높은 산이라고 합니다.

"산 이름이 왜 토함산이야? 뭘 토했나?"

명철이가 물었어요.

"이 산은 바닷가에 가까이 있어서 안개가 자주 끼는 곳이야. 마치 산이 바다에서 밀려오는 안개를 들이마시고 토해 내는 모습을 닮았다고 해서 토함산이라고 했대."

"정말 토해서 토함산이라고 한 거네?"

새털이의 설명에 명철이가 키득거리며 말했어요.

우린 배내골 사건 이후 새털이를 좋아하게 됐어요. 그래서 새털이가 하는 말이면 경청하게 되었지요. 인화가 조금 밀려나긴 했지만 본인은 아무렇지 않은가 봐요.

"얘들아, 저 논을 봐라."

선생님이 눈앞에 펼쳐진 푸른 논을 가리켰어요. 강렬한 여름 햇살을 받고 자라는 벼들은 푸른 물결을 만들며 출렁였어요.

"저기서 거둔 쌀이 우리가 먹는 밥이란다."

"우와, 저렇게 넓은 논의 벼를 언제 다 베냐? 농부 아저씨들은 정말 대단하셔. 난 밥 먹는 건 자신 있어도 일하는 건 영 자신이 없는데 말이야."

명철이가 음료수를 홀짝홀짝 마시며 말했어요.

"얘들아, 저기 논두렁에 창고 같은 집이 열 개 정도 보이지?"

"네. 저게 뭐예요?"

우리들은 고개를 길게 빼고 선생님이 가리키시는 창고를 보았어요.

"잘 보고 알아맞혀 보렴."

"농기구를 보관하는 곳인가요?"

진희가 갸우뚱하며 말했어요.

"알았다! 오리가 사는 집이에요. 저쪽에 오리가 보여요."

나는 논 귀퉁이에 오밀조밀 모여 있는 오리를 가리키며 신기해서 말했어요.

"맞았어. 오리가 논에서 놀다가 뙤약볕을 피해서 잠깐 동안 쉬는 곳이란다."

"아니, 오리가 논에서 뭘하는 거예요?"

진희가 물었어요.

"그건 이 박사님께서 설명해 주겠어. 에헴."

인화가 헛기침을 했어요.

"이 박사의 견해로 봐서 저 논은 유기농법으로 농사를 하는 논이야. 농약을 쓰지 않고 오리를 풀어서 벼에 해로운 해충들을 잡아먹게 하는 거지."

인화가 말을 마치고 어깨를 으쓱였어요. 선생님이 인화의 머리를 쓰다듬었어요.

"한마디로 일석이조란 뜻이네."

우리는 미혜의 말이 무슨 뜻인지 몰랐어요.

"오리는 마음껏 먹이를 먹어서 좋고, 우리는 농약을 치지 않는 쌀을 먹어서 좋고. 아마 식물과 땅에도 유기농법이 좋을 거야."

미혜가 말했어요.

"그럼 일석사조네."

명철이의 말에 우리는 고개를 끄덕였어요. 그리고 벼 사이로 유유히 사라지는 오리들을 바라봤어요.

"농약을 쓰는 쉬운 방법도 있는데 굳이 저렇게까지 할 필요가 있을까요?"

지웅이가 말했어요.

"그게 바로 농심이 아니겠니?"

선생님이 출렁이는 벼의 물결을 그윽한 눈으로 바라보며 말했어요.

"농심이라니요?"

진희가 물었어요.

"농부의 마음이라는 뜻이지. 농부의 마음은 소박하고 진실해. 그 안에는 거짓이 없지. 선생님은 농부 아저씨들을 볼 때마다 그런 생각을 한단다. 넓은 들판에 살아서 그런지 이 세상 사람을 다 포용할 것 같다고 말이야."

우리는 선생님 말씀에 고개를 끄덕였어요.

"저렇게 유기농법으로 정성을 다해 벼를 키우는 아저씨는 정말 정직한 분일 거예요."

새털이가 말했어요.

"그러겠지. 저 논의 주인아저씨는 마음이 고운 분일 거야. 자, 이제 슬슬 산에 올라가 볼까?"

선생님이 앞서 걸으시며 말했어요.

나는 가야 할 길을 올려다보았어요. 지금 내가 서 있는 곳에서는 산 정상이 보이지 않았어요. 끝이 보이지 않는 산길을 걸어 올라가자니 한숨이 나오면서 앞이 막막했어요.

"이곳이 농부 아저씨에게는 천국인지 몰라도 나에게는 지옥이다, 지옥."

"하하하, 지옥이라고?"

내가 투정을 부리자 선생님께서 물으셨어요.

"네. 토함산에 올라온 게 지옥문을 열고 들어온 것 같아요."

"같은 토함산인데 농부 아저씨에게는 천당문이고 너에게는 지옥문이구나? 하하. 불교에서도 지옥문과 천당문을 뜻하는 말이 있는데 뭔지 아니?"

"아뇨, 설사 안다고 해도 숨이 차서 말 못하겠어요. 헉헉."

"새털아, 뭐지?"

"생멸문과 진여문이요."

"뭐? 생 멸치와 진수성찬?"

명철이가 가까이 달려와 눈을 번뜩였어요.

"먹다 먹다 이제 귀까지 먹었네."

인화가 빈정대자 명철이가 무섭게 째려보았어요. 선생님은 방긋 웃으며 설명해 주셨어요.

"한마음에도 문이 두 개 있단다. 중생 즉, 인간 세계로 가는 생멸문과 열반의 세계로 가는 진여문 말이지."

선생님은 천천히 걷기 시작했어요.

"뭐가 지옥으로 가는 거고 뭐가 천당으로 가는 거예요?"

명철이가 물었어요.

"인간 세계로 가는 생멸문이 지옥문과 같고, 열반의 세계로 가는 진여문이 천당문과 같지. 인간의 삶은 생로병사의 고통으로 가득 찼다고 하지. 너희들은 어때? 삶이 고통으로 가득 차 있다고 생각하니?"

"생로병사요?"

진희가 물었어요.

"태어나서 죽을 때까지 늙고 병에 걸린다는 두려움을 말하는 게 아닐까?"

새털이의 말에 선생님께서는 빙그레 웃으셨어요. 지옥의 문과 천당의 문이라. 나는 지금 어떤 문을 열고 가는 걸까요?

"헥헥헥, 자세한 것은 모르겠지만 헥헥, 전 지금 확실히 지옥문을 열었어요. 헥헥헥."

명철이가 숨을 가쁘게 몰아쉬며 말했어요. 말을 안 해서 그렇지, 토함산을 오르는 우리 모두 지옥문에 들어선 것 같았어요.

"아, 선생님, 어제 베내골에서 고생 무지 많이 해서. 헉헉헉, 오늘까지 이렇게 고생 안 해도 되는데요. 헉헉."

인화도 숨을 몰아쉬며 말했어요. 선생님은 힘겹게 올라가는 우리를 돌아보셨어요. 그리고 어서 올라오라는 재촉 대신 미소를 지으셨어요. 그건 마치 지옥의 문 앞에 서 있는 저승사자가 어서 오라며 환영하는 미소 같았어요.

"으, 다리야! 더 이상 못 가겠다."

명철이가 털썩 주저앉았어요. 그 옆에 나와 진희도 숨을 몰아쉬며 나란히 앉았어요.

"여기서 기다릴테니 다녀오세요."

"고생도 함께 한다면 재밌있을 텐데."

지웅이가 땅바닥에 앉아서 헐떡이는 우리를 보고 말했어요. 명철이가 지웅이를 보고 먼저 가라고 손을 휘휘 내저었어요.

"팔 들 힘도 없다. 말할 힘도 없고."

"얼마 안 남았는데 같이 가지."

새털이도 우리를 보고 한마디 했어요. 이번에는 진희와 내가 손을 휘휘 내저었어요.

"여기까지 와서 포기하려고?"

미혜도 우리를 보고 한마디 했어요.

"못 가, 못 가. 더 이상 못 가."

진희가 말했어요.

"삼총사의 맹세를 벌써 잊은 거야?"

미혜가 말했어요. 삼총사? 미혜의 입에서 삼총사란 말이 나오다니 정말 의외였이요. 진희와 나는 미혜를 뚫어져라 쳐다봤어요.

"그래, 삼총사. 기쁠 때나 힘들 때나 언제나 함께한다! 기억 안

진여문
생멸문

나?"

미혜가 눈동자를 빛내며 말했어요.

"난 네가 삼총사를 잊고 있는 줄 알았는데."

내가 미혜를 보고 말했어요.

"흐음. 그렇게 기억력이 나쁘지는 않아."

미혜의 작은 목소리에는 힘이 들어가 있었어요. 나는 미혜가 신고 있는 고무신을 보았어요. 산을 오르면서 검정 고무신은 조금 닳아 있었어요. 고무신을 신고 산을 오르느라 미끄럽고 발바닥도 많이 아팠을 텐데 미혜는 잘 올라왔어요.

"정말 눈물겨운 삼총사다."

우리 옆에 앉아 있던 명철이가 놀리듯이 말했어요.

"너희 이러다 정의를 위해서 싸우겠다고 변신할 거지? 그렇지? 크크."

명철이가 우리를 보고 키득거렸어요.

"그래, 왜! 정의의 이름으로 너부터 처단해야겠다."

내가 자리에서 벌떡 일어나 명철이에게 말했어요.

"삼총사, 어서 일어나시오."

그리고 나와 미혜가 동시에 진희에게 손을 내밀었어요. 그러자 진희가 씩 웃으며 양팔을 뻗어 우리의 손을 잡았어요. 짝짝짝. 명철이가 우리를 보고 박수를 쳤어요.

"하여튼 여자애들이란……."

명철이가 절레절레 고개를 흔들었어요.

"여자애들이 어때서? 우리들 우정이 샘나지? 메롱."

우리들은 명철이를 뒤로 하고 천천히 선생님을 따랐어요.

"참, 박명철! 여긴 산이라 뱀도 많이 있을 텐데."

진희가 뒤를 돌아보며 말했어요.

"어머! 박명철! 방금 전 네 옆에 지나간 기다란 거 뱀 아니니?"

미혜가 소리쳤어요. 그러자 명철이가 자리에서 벌떡 일어나 주위를 두리번거렸어요. 그리고 어디서 그런 힘이 생겼는지 우리를 향해 전속력으로 뛰어왔어요.

"너희들, 나 놀린 거지?"

명철이가 씩씩거렸어요.

"뱀이다!"

그 때 진희가 명철이 뒷목에 뭔가를 던졌어요.

"엄마야!"

그러자 명철이는 양손으로 목을 마구 털며 쏜살 같이 올라갔어요. 하하하하. 명철이가 뒤뚱거리는 모습을 보며 우리는 한참을 웃었어요.

"그런데 진희야, 아까 던진 게 뭐야?"

미혜가 물었어요.

"아, 그거, 작은 나뭇가지."

하하, 언제 또 그런 걸 준비했는지. 하여튼 못 말리는 진희예요. 우리 셋은 손을 잡고 열심히 산을 올랐어요. 얼굴과 등에 땀이 비 오듯 흘렀어요.

"어제는 비로 샤워를 하고 오늘은 땀으로 샤워를 하네."

진희가 웃으면서 말했어요. 진희가 이렇게 우리 앞에서 환하게 웃는 게 얼마만인지 모르겠어요. 미혜도 웃는 진희를 보고 따라 웃었어요.

2 모든 건 마음먹기 나름!

서로의 웃는 모습에 기운을 얻어서인지 우리는 어느덧 정상에 도달했어요. 먼저 도착한 선생님, 새털이, 지웅이, 인화 그리고 명철이가 환한 미소로 우리를 맞이했어요.

"우와, 시원해."

우리는 양팔을 번쩍 올려 '만세'를 외쳤어요. 시원한 바람이 땀을 식혀 주었어요. 그리고 바람에 몸을 맡겼어요. 올라오는 동안 힘들었던 피로가 말끔히 사라지는 것 같았어요.

"야호!"

우리는 모두 입에 손을 모으고 앞에 펼쳐진 풍경을 향해 소리쳤어요. 하늘과 바다가 서서히 노을빛으로 물들기 시작했어요. 하늘과 바다에 동시에 노을이 지는 모습을 보기는 처음이에요.

"우와, 진짜 아름답다."

우리는 아름다운 광경에 넋을 잃고 말았어요. 친구들과 토함산에 오른 건 정말 잘한 일 같아요. 등산 끝에 이런 멋진 선물이 기다리고 있을 줄은 꿈에도 몰랐어요. 기분이 날아갈 듯 했어요.

"자, 다들 노을을 볼 만큼 봤지? 이제 내려갈까?"

선생님이 웃으면서 말했어요. 우리를 보고 밝게 웃으시는 선생님이 순간 미남이라는 생각이 들었어요. 나는 고개를 절레절레 흔들었어요. 일주일 전만 해도 우리 학교에서 제일 못생긴 선생님이었는데 왜 갑자기 제일 잘생긴 선생님으로 보였을까요? 나는 고개를 마구 흔들고 다시 쳐다봤어요. 헉! 얼굴 가득 노을빛을 머금고 있는 선생님의 모습은 영화배우 못지않았어요. 나는 노을빛에 흠뻑 물든 선생님을 빤히 쳐다봤어요. 그 때 선생님이 고개를 돌리는 바람에 나와 눈이 마주쳤어요. 선생님은 나를 보며 밝은 미소를 띠었어요. 선생님과 눈이 마주치자 가슴이 콩닥콩닥 마구 뛰기 시작했어요. 노을 속에 있었으니 망정이지 그렇지 않았다면 빨갛게 달아오른 얼굴을 들키고 말았을 거예요.

"이제 내려가요."

나는 등을 돌리고 서둘러 걷기 시작했어요.

"다리가 후들거리는데."

또 명철이의 투정이 시작되었어요.

"선생님, 이건 분명히 단합대회가 아니라 극기 훈련이에요."

인화도 한마디했어요.

"꼬르륵, 꼬르륵."

누군가의 배꼽시계가 울기 시작했어요.

"명철이냐?"

선생님의 말에 우리는 모두 명철이를 봤어요.

"이번에는 저 아닌데요."

그러자 명철이는 억울하다는 듯이 손을 내저었어요.

"이번에는 저예요. 선생님."

지웅이가 얼굴을 붉히며 말했어요.

"배고파요, 선생님."

우리는 모두 불쌍한 눈으로 선생님을 바라보았어요.

"좋아. 내려가서 처음 보이는 식당으로 직행이다!"

"와!"

선생님의 말에 우리는 힘을 내서 걷기 시작했어요. 벌써 어둠이 우리를 바짝 따르고 있었어요. 민가에는 희미한 가로등 몇 개가 있을 뿐이었어요. 토함산을 내려와 낮에 지나왔던 논길을 따라 다시 걸었어요.

"컹, 컹, 컹, 으르릉, 컹!"

개 짖는 소리가 유난히도 크게 들렸어요. 우리는 그 소리에 깜짝 놀랐어요. 한참을 걸어도 식당은 나오지 않았어요. 꼬르륵, 꼬르륵. 이제는 여기저기서 배꼽시계가 울었어요. 더 이상 걸을 힘도 나지 않았어요.

"으, 세상에서 제일 맛있는 건빵이 먹고 싶다."

명철이가 우는소리를 했어요. 명철이의 말에 입 속에서 천천히 녹여 먹었던 건빵 생각이 났어요. 그러자 침이 점점 더 고이는 것 같았어요.

"먹는 얘기 하지마. 죽을 것 같아."

인화가 배를 움켜쥐며 말했어요.

"그런데 삼촌, 우리 지금 길을 잘못 들어선 거 아니야? 그런 것 같은데…….”

새털이가 말했어요. 새털이의 말에 우리는 일제히 걸음을 멈췄어요.

“진짜? 이 길이 아니야?”

미혜와 내가 자리에 털썩 주저앉았어요.

“으, 우리가 여기까지 어떻게 왔는데…….”

인화도 우리 옆에 주저앉았어요.

“하하하. 얘들아, 진짜 이 길이 아닌가 보다.”

선생님이 머리를 긁적이며 말했어요.

“그럼, 우린 또 지옥문 앞에 서 있는 거네.”

명철이도 말하면서 우리 옆에 앉았어요.

“우리 왜 이렇게 자주 지옥문 앞에 서냐.”

지웅이도 명철이 옆에 앉았어요.

“하하하. 얘들아, 이게 다 마음먹기 나름 아니겠니?”

선생님이 우리를 보고 멋쩍게 웃었어요.

“삼촌, 이런 상황에서는 마음먹기가 정말 힘드네.”

새털이도 지웅이 옆에 앉았어요.

“일심이문(一心二門)!”

선생님이 목소리에 힘을 주어 말했어요.

"한마음에 두 문이 있으니 중생계로 들어가는 생멸문으로 들어갈 것이냐, 열반계로 들어가는 진여문으로 들어갈 것이냐, 그것이 문제로다."

인화가 말했어요.

"와!"

우리는 인화의 말에 감탄했어요.

"그렇게 말하니까 너 완전 똑똑해 보이는 거 있지."

명철이가 인화에게 말했어요.

"우리가 비록 배가 고파서 길에 앉아 있기는 하지만 지금의 상황을 어떻게 바라볼 것이냐는 다 우리의 마음에 달려 있지 않겠니? 마음먹기에 따라 중생과 부처, 번뇌와 보리, 대립과 조화가 있는 거란다."

선생님이 지금의 상황을 모면하려는 듯이 장황하게 말했어요. 하지만 배고프고 다리 아픈 우리의 귀에는 선생님의 말이 잘 들리지 않았어요.

"중생을 넘어 진리와 조화의 세계로 가는 거야. 그게 다 우리의 마음에 달린 거니까. 그게 곧 열반 또는 해탈의 경지에 들어서는 거란다."

선생님의 말이 끝나자 나는 깊이 심호흡을 했어요.

"삼촌, 지금 이 상황에서는 우리를 구원해 줄 건 우리의 마음이 아니라 먹을 거야."

새털이가 선생님을 올려다봤어요. 우리 모두 선생님을 바라보고 침을 꼴깍 삼켰어요.

"그러니까, 내 말이 네 말이야. 지금 이 상황에서 해탈의 경지가 무슨 소용이 있겠냐."

그리고 선생님도 새털이 옆에 앉았어요. 나는 새털이 옆에 앉은 선생님의 옆모습을 보았어요. 어둠 속에 푹 파묻혀서 까만 선생님의 얼굴은 아까 노을 속에 있던 얼굴과는 사뭇 달랐어요. 여전히 우리 학교에서 제일 못생긴 선생님이었죠. 그럼 그렇지, 아까 내가 헛것을 본 거예요.

내가 선생님을 보고 있다는 걸 눈치채셨는지 선생님이 나를 보며 씩 웃었어요. 어둠 속에서 하얀 이가 유난히 반짝였어요. 나는 선생님의 웃음을 외면했답니다.

3 새롭고 또 새롭도다!

“자, 힘을 내고 진여문을 찾아 떠나 볼까요?”

지웅이가 엉덩이를 털며 일어났어요.

“역시 지웅이다.”

선생님도 지웅이를 따라 일어났어요. 우리도 한 사람씩 지웅이의 뒤를 따랐어요. 한 시간쯤 걸어 논길, 밭길을 지나자 멀리서 반짝이는 불빛이 보였어요.

“어, 저기! 불빛이야!”

청국장 뚝배기

새털이가 소리쳤어요.

"저기가 바로 진여문?"

명철이의 말이 어이없어 우리는 웃고 말았어요. 어둠을 헤쳐서 겨우 식당을 찾았어요. 허름한 식당이었지만 우리 눈에는 어느 고급 레스토랑보다 훨씬 멋있어 보였어요. 게다가 식당에서 풍기는 맛있는 냄새는 우리의 콧속으로 들어가 배 속을 마구 휘집고 다녔어요. 우리는 식당 문을 열고 우당탕 들어갔어요.

"우와, 이게 무슨 냄새냐. 진짜 맛있는 건가 봐. 난 이거!"

명철이가 젓가락을 들고 소리쳤어요.

"나도."

"나도!"

우리는 모두 맛있는 냄새에 빠져 소리쳤어요.

"너희들 청국장 좋아하니?"

선생님이 의아해 하며 물었어요.

"청국장? 아, 이게 청국장이군요."

"그런데 집에서 맡았던 냄새랑은 좀 다른 것 같은데요."

내가 말했어요. 우리 집 청국장 냄새는 완전 퀴퀴했는데. 그래서 엄마가 청국장을 끓일 동안은 코를 막고 있었어요. 식당에서 맡는 청국장 냄새는 정말 달랐어요. 달콤하고 향기롭기까지 했어요. 금방이라도 한 그릇을 뚝딱 비울 수 있을 것 같았어요.

"아니, 엄마는 이렇게 맛있는 청국장을 왜 한 번도 해 준 적이 없는 거야. 집에 가면 당장 해 달라고 해야지."

명철이가 젓가락을 빨면서 말했어요.

"하하하. 너희들이 배가 고프니까 완전히 후각을 잃었구나. 확실히 진여문에 들어온 게지. 사장님, 여기 청국장 여덟 개요!"

선생님이 크게 소리쳤어요. 청국장 여덟 그릇이 우리 앞에 가지런히 놓였어요. 뚝배기 안에서 보글보글 끓고 있는 황톳빛의 청국장은 정말 먹음직스러웠어요.

"음, 향긋한 이 냄새."

인화가 눈을 감고 냄새를 맡았어요.

"잘 먹겠습니다!"

우리는 허겁지겁 청국장을 먹었어요.

"역시 달라. 엄마가 해 주던 그 맛이 아니야. 엄마는 왜 이렇게 못 만드는 걸까?"

내가 말했어요.

"물론 같은 청국장이라도 요리하는 사람의 솜씨도 다르고, 만드는 방법도 다르니까 맛이 다를 수밖에. 무엇보다 먹는 사람의 마음이 다르니 그 맛이 다를 수밖에 없지 않겠니?"

선생님이 말했어요. 나는 선생님의 말에 고개를 끄덕였어요.

푸짐한 반찬이 담겨 있던 그릇들이 하나, 둘씩 비워졌어요.

"우와, 잘 먹었다. 꿀맛이 따로 없어."

명철이가 불룩 나온 배를 툭툭 치며 말했어요.

"어제는 건빵이 세상에서 제일 맛있는 과자로 변하더니, 오늘은 청국장이 세상에서 제일 맛있는 음식이야."

인화가 말했어요. 우리는 인화의 말에 고개를 크게 끄덕였어요. 우리들은 식당 아주머니에게 맛있게 잘 먹었다고 인사를 하고 나왔어요.

"단합대회 정말 잘 왔어."

진희의 말에 우리는 고개를 크게 끄덕였어요.

"너희들이 그렇게 생각한다니, 선생님은 정말 기쁜걸."

우리는 선생님을 보며 밝게 웃었어요.

"단합대회에 오지 않았다면 여전히 건빵은 쳐다보지 않았을 테고, 청국장 냄새에 코를 막았을 거예요. 이번 여행을 통해 나의 새로운 모습을 발견했어요."

미혜가 말했어요.

"맞아, 맞아."

"항상 나를 되돌아보는 것이 중요하지. 이번 여행이 너희에게 그런 기회가 됐으면 좋겠구나. 언제나 한 곳에 머무르지 말고, 조화와 화해를 구하는 것이 중요하단다."

논에서 개구리가 개굴개굴 울었어요. 서울에서는 상상도 못했던 소리예요. 개구리의 울음소리를 들으면서 걸으니 절로 신이 났어요.

"개굴개굴 개구리 노래를 하네~ 아들 손자 며느리 다 모여서~ 밤새도록 하여도 듣는 이 없고 듣는 사람 없어도 날이 밝도록~."

우리는 어느새 개구리 합창을 하고 있었어요.

"우리가 이렇게 친해진 이야기를 반 친구들이 들으면 깜짝 놀랄 거야."

지웅이가 웃으면서 말했어요.

"우리도 우리가 이렇게 다시 친해질 줄은 몰랐지. 안 그래?"

미혜가 진희와 나를 보며 말했어요.

"이 세상에 영원한 것은 없어. 또 영원하지 않은 것도 없고. 어느 한 곳에 머물러 집착하는 건 참된 삶의 방법이 아니야. 너희가 옳다고 믿었던 것이 옳지 않은 것이 될 수도 있고, 또 옳지 않다고 믿었던 것이 옳다고 믿는 순간이 올 때도 있지."

선생님이 우리 한 사람, 한 사람을 보면서 말씀하셨어요. 선생님의 맑은 눈을 보는 순간 또 선생님이 멋지게 보이는 거예요.

"항상 마음을 열고 있어야 상황의 옳고 그름을 잘 판단할 수 있단다. 거울처럼 모든 것을 받아들여 넓게 살아라."

"거울처럼요?"

진희가 물었어요.

"바다를 생각해 봐. 바다의 맛은 어떻지?"

"짜지요."

"동해, 남해, 서해가 모두 같은 맛으로 짜지?"

"네."

"우리의 한마음도 바다처럼 같은 맛을 내야 한다는 거지. 그래야 우리도 바다처럼 모든 것을 포용할 수 있단다."

"아하, 그래야 세상 사람들과 아옹다옹 싸우지 않고 조화롭게 살 수 있겠네요."

명철이가 말했어요. 명칠이의 말에 우리는 '우와' 하며 감탄사를 터트렸어요. 명철이 이제 제법이네요.

"자, 이제 선생님이 너희들한테 보여 줄 것은 이 캠프의 마지막 프로그램이야."

"뭔데요?"

우리는 선생님에게 마지막 프로그램이 무엇인지 여러 번 물어 봤지만 선생님은 대답하지 않고 미소만 지을 뿐이었어요.

"좀 늦긴 했지만 볼 수 있을 거야. 자, 불국사로 출발!"

선생님께서 팔을 번쩍 드시며 소리를 높여 말씀하셨어요.

파도와 바다는 둘이 아니다

일심이문(一心二門)이란 말이 있습니다.

'한마음에 있는 두 개의 문' 이라는 뜻입니다. 마음을 어떻게 쓰느냐에 따라 지옥으로 가느냐, 극락으로 가느냐가 갈라집니다. 보통 사람인 중생과, 깨달은 사람인 부처는 다른 사람이 아니라 하나인 것이지요.

> 모든 경계가 무한하지만, 모두 한마음 안에 들어간다. 부처의 지혜는 모양을 떠나 마음의 샘으로 돌아가고 지혜와 한마음은 혼연하게 같아서 둘이란 없다.

어떤 것에도 어디에도 차별이나 경계는 없습니다. 둘이면서 하나이고 하나이면서 둘입니다. 일등과 꼴찌가 둘이 아닙니다. 잘생긴 사람과 못생긴 사람이 둘이 아닙니다. 키 큰 사람과 키 작은 사람이 둘이 아닙니다. 남자와 여자가 둘이 아닙니다.

둘이라고 잘못 알고 있는 생각을 하나로 연결시켜 보게 하는 것이 '한마음' 입니다. 이 한마음을 통해 모든 경계가 하나로 통일됩니다. 원효는 말합니다.

부처의 본질은 바로 한마음이다.

비유하자면 바람 때문에 고요한 바다에 파도가 일어났지만 파도와 바다는 둘이 아닙니다.

사람들은 자신의 생각만 옳고 남은 틀리다고 주장합니다. 원효가 살던 시대에도, 부처의 진리를 놓고 여러 학자와 사상가들은 자신의 주장만이 옳다고 하였습니다. 원효는 거울이 온갖 형태를 받아들이듯, 강이나 바다가 갈라진 물 줄기를 하나로 받아들이듯 부처의 진리에 입각한 조화의 세상을 꿈꾸었습니다.

4

산사 음악회에 가다

티끌의 경계를 이해하여 구별하고 온갖 만물을 꿰뚫는 것은 심왕이라 하는데, 그 본래의 한마음은 모든 법을 아우르는 총체적인 샘이기 때문이다.

— 원효

1 불국사 음악회

불국사로 들어가는 길 양쪽에 매달린 연등이 바람에 흔들렸어요. 연등은 마치 경쾌한 음악에 맞춰 춤을 추는 것 같았어요. 바람이 지나갈 때마다 사르륵사르륵 소리를 내며 흔들리는 벚나무 잎도 마치 합창을 하는 것 같았어요.

"정말 신기해."

명철이가 창밖을 보며 말했어요.

"내가 서울을 떠나 지금까지 햄버거와 콜라를 전혀 먹지 않았다는 게."

"진짜, 명철이는 하루라도 햄버거와 콜라 없이는 못 사는데."

지웅이가 말했어요.

"진짜 신기해. 내가 컴퓨터 없이 하루를 지냈다는 게."

인화도 말했어요. 인화의 말에 우리 모두 고개를 끄덕였어요.

"그런 거 없이도 우리는 살 수 있구나."

지웅이가 중얼거렸어요.

버스는 불국사 앞에 멈췄어요. 버스에서 내리자 은은하게 밀려오는 불국사의 여름 밤 공기가 마음을 포근하게 감싸 안아서 머리를 상쾌하게 만들었어요.

"자연 속에 있으니까 참 좋다."

미혜가 기지개를 켜며 말했어요. 친구들이 말했던 것처럼 나 역시 컴퓨터, 햄버거, 피자 없이는 하루도 못 지낼 줄 알았어요. 그랬던 우리가 이렇게 자연 속에서 하루를 지내고 이틀째 밤을 맞이하고 있다는 사실이 놀라울 뿐이었어요.

"자연 속으로 들어오면 기분이 좋아지는 것은 우리가 자연의 일부라서 그런 게 아닐까?"

새털이가 말했어요. 선생님이 새털이의 머리를 쓰다듬었어요.

"산사 음악회?"

불국사 초입에는 '산사 음악회' 라는 현수막이 붙어 있었어요.

"선생님, 오늘 마지막 프로그램이 산사 음악회에요?"

진희가 물었어요.

"너희들 이런 곳에서 음악회를 본 적이 없지?"

"태어나서 음악회는 처음인데요."

명철가 말했어요. 그러고 보니 음악회는 나에게도 이번이 겨우 두 번째였어요.

"산속에서 음악회라, 새로운 느낌이겠는데요."

지웅이가 말했어요.

"선생님, 저 대들보 위에 써 있는 한문은 '장엄적멸보궁도장' 이지요?"

"그래, 인화가 한자를 많이 아는구나."

"우와, 인화 대단한데."

인화는 우리의 칭찬에 어깨를 으쓱였어요.

"공부는 자고로 틈틈이 하는 거야."

인화가 팔짱을 끼고 삐딱하게 서서 말했어요.

"쯧쯧, 또 잘난 척하기는. 하여튼 칭찬해 주면 안 된다니까."

명철이가 말했어요.

"근데 저 한문은 장엄적멸보궁도장이 아니라, 장엄적멸보궁도량으로 읽어야 해. 도를 닦는 곳이라는 뜻의 도장은 여기서는 도량으로 읽어."

"그런데 삼촌, 장엄은 알겠는데, 적멸은 무슨 뜻이야?"

"이러다가 내 얕은 한문 실력이 다 들통 나겠는데. 내가 알기로는 장엄도 우리가 알고 있는 뜻과는 좀 달라. 장엄(莊嚴)이란 장식하여 엄숙하게 한다는 뜻이야. 온갖 보배와 귀한 물건으로 장식하여 그 위신(威信)과 공덕(功德)을 널리 기린다는 뜻이란다."

"어려운데요."

내가 머리를 절레절레 흔들며 말했어요.

"사람들은 으레 규모가 크고 엄숙한 광경을 볼 때 '장엄하다' 고 감탄하잖니."

"네."

"또 의식이나 행사가 웅장하거나 거창할 때 '장엄하다' 고 말하지. 그렇지만 불교에서 쓰는 장엄이란 극락세계를 표현할 때 쓰는 특별한 단어란다. '장엄' 이란 '좋고 아름다운 것으로 국토를 꾸미는 것' 을 말한단다."

"정말 우리가 쓰는 '장엄' 이랑 뜻이 다르군요."

진희가 말했어요.

"적멸이란 '열반' 을 뜻한단다. 열반이란 '불어서 끄는 것', '불어서 꺼진 상태' 를 뜻하는 거지. 타오르는 번뇌의 불꽃을 지혜로 꺼서 고뇌가 없어진 상태를 말하는 거야."

나는 선생님의 말씀을 이해하려고 애썼지만 정말 어려웠어요.

"완전한 평안이나 평화라고 할까. 그리고 '보궁(寶宮)' 이란 부처님의 진신 사리를 모시고 있다는 뜻이야."

"우와, 선생님은 정말 모르는 게 없어요."

명철이가 감탄하며 말했어요.

"선생님은 역사나 문화재에 관심이 많아서 그래. 너희들도 각자가 좋아하는 분야에 대해서는 선생님보다 더 잘 알잖니."

"하긴 그래요. 우리가 선생님보다 게임에 대해서 더 잘 알고. 또 저는 선생님보다 먹을 것에 대해 더 많이 알 거예요. 히히히."

"하여튼 명철이는 먹을 거 빼면 말이 안 된다니까."

진희가 말했어요. 우리는 선생님을 따라 산사 음악회가 열리고 있는 대웅전 앞으로 갔어요. 이미 산사 음악회는 시작한 상태였어요. 많은 사람들이 마당에 빼곡하게 모여 가수의 노래에 맞춰 박수를 치고 있었어요. 우리도 빈틈을 찾아 자리를 잡았어요.

대웅전 마당에 들어서자 나는 코를 자극하는 향기에 깜짝 놀랐어요. 우리 집 거실에 있는 방향제와는 비교할 수도 없는 상쾌한 솔 향기가 온 천하를 뒤덮고 있었어요.

밤이 깊어질수록 소나무 숲의 정기가 대웅전 앞에 모인 사람들의 마음을 평온하고 상쾌하게 만들었어요. 가수의 노래가 끝나자 우레와 같은 박수 소리가 토함산에 울려 퍼졌어요.

"다음은 감미롭고 호소력 짙은 목소리로 여러분의 사랑을 듬뿍 받고 있는 홍경민 씨의 무대가 이어지겠습니다."

"홍경민? 가수 홍경민?"

진희가 호들갑을 떨었어요.

"그래, 그래. 홍경민, 홍경민이라잖아."

내가 웃으면서 말했어요.

"안녕하세요? 천년의 사찰 불국사 산사 음악회에 초대해 주셔서 감사합니다! 홍경민입니다!"

"캬!"

갑자기 비혜와 진희가 소리를 지르는 바람에 주변에 있는 사람들이 동시에 우리를 쳐다봤어요. 그 바람에 홍경민 아저씨는 우리를 향해 밝게 웃으며 손을 흔들어 주었어요.

"지금, 저 미소 봤어? 지금 경민이 오빠가 나보고 웃는 거 분명히 봤지?"

진희가 또 호들갑스럽게 말했어요.

"너만 보고 웃은 게 아니거든. 나를 보고도 웃었거든."

미혜도 지지 않고 말했어요.

"우와, 이게 웬 횡재냐. 디카, 디카 없어?"

진희가 정신없이 디지털 카메라를 찾았어요. 진희가 홍경민 아저씨를 좋아했었나? 홍경민 아저씨를 알기는 아는 건가? 인화가 디지털 카메라를 주머니에서 빼기가 무섭게 진희는 얼른 카메라를 낚아챘어요.

"무서운 십대여. 쯧쯧쯧."

인화가 할아버지 목소리를 내며 혀를 찼어요.

"경민이 오빠! 저 진희예요!"

앙코르 곡이 이어지기 전에 진희가 또 소리쳤어요. 홍경민 아저씨가 한 번 더 손을 흔들어 주었어요. 주위에 있는 사람들이 수군거리며 우리를 쳐다봤어요. 나와 미혜는 진희의 소매를 잡아당겼어요.

"임진희, 작작해라. 창피하다."

우리는 소곤거렸어요. 하지만 진희는 계속 소리를 질렀어요.

"임진희, 홍경민이 너를 아냐?"

명철이가 진짜 궁금하다는 듯이 물었어요.

"아니, 모르는데. 그러니까 이렇게 해서라도 나의 존재를 알리는 거지. 오빠가 날 알면 내가 왜 이 난리를 피우겠냐."

명철이가 고개를 절레절레 흔들었어요.

"그만해라. 사람들이 다 쳐다본다."

지웅이도 진희의 극성스런 행동을 말렸어요.

"이건 남을 배려하는 모습이 아닌데. 전혀 조화롭지 않아. 정말 한심해."

인화가 말했어요.

2 우리의 색안경

"여러분 어떠세요? 불국사의 여름밤이 마음에 드세요?"

노래가 끝나고 사회자가 무대로 올라왔어요.

"네!"

사람들이 모두 한 소리로 대답했어요. 가수들의 노래에 이어 사물놀이, 성악, 재즈, 가야금산조, 민요 등이 계속 이어졌어요. 나는 이런 음악을 눈 앞에서 직접 보고 듣는 게 처음이라 마냥 신기했어요. 바로 앞에서 음악을 듣고 있자니 가슴이 뻥뻥 뚫리는 것 같았어요. 또 사물놀이가 그렇게 흥겨운지도 예전에는 미처 몰랐어요. 가만히 있어도 저절로 어깨가 들썩였어요.

성악, 재즈, 가야금, 민요도 다 지루한 음악인 줄 알았는데 전혀 그렇지 않았어요. 평소에 듣던 음악만 즐겁고 좋은 줄 알았는데, 산사 음악회 덕분에 음악에 대한 생각이 바뀌었어요.

"절에 가수들이 와서 노래도 하는구나."

미혜가 말했어요.

"절은 원래 조용해야 하는 곳 아닌가?"

진희가 말했어요.

"'원래'란 것은 없다고 보는데. 그건 다 사람들이 만들어 놓은 고정관념이 아닐까?"

선생님께서 우리를 보고 방긋 미소를 지으셨어요.

음악회의 열기는 점점 더해 갔어요. 짝짝짝짝. 와! 갑자기 박수 소리와 환호가 더욱 커졌어요. 우리는 영문을 몰라 주변을 두리번거렸어요.

"뭐야? 또 누가 나오는 거야?"

진희가 흥분해서 물었어요.

"이번에는 동방신기나 원더걸스가 나오는 거 아냐?"

미혜도 흥분해서 말했어요.

"뭐? 동방신기, 원더걸스? 어디 어디?"

나는 목을 쭉 빼고 주위를 둘러보았어요. 그런데 이게 어찌 된 일 일까요? 키가 작고 얼굴이 아주 하얀 예쁜 스님이 나와서 노래를 부르는 거예요.

"스님이잖아."

진희는 실망한 목소리로 말했어요.

"스님이라는 이유로 묻어 두고 지낸 그 세월이 너무 길었소~."

스님의 노래는 열창 그 자체였어요. 사람들이 불국사가 떠날 듯이 박수를 쳤어요. 스님의 하얀 볼이 발그레 물들었어요.

"근데, 좀 이상하지 않아? 스님이 부르는 저 노래, 대중가요 아니니?"

미혜가 물었어요. 주위에 있는 어른들이 스님이 부르는 노래를 따라 불렀어요.

"스님도 유행가를 부르는 구나. 근데 가수 빰치게 잘하신다."

진희도 말했어요.

스님의 무대를 끝으로 산사 음악회는 막을 내렸어요. 산사 음악회는 끝이 났지만 그 열기는 식지 않았어요. 우리들의 흥분도 쉽

大雄殿

산사 음악회

게 가라앉지 않았어요. 어찌나 박수를 열심히 쳤던지 손바닥이 발갛고 얼얼했어요. 진희는 껑충껑충 뛰어서 얼굴이 땀으로 범벅이 되었어요.

"어때? 신나지?"

"네!"

우리는 아주 큰 목소리로 대답했어요.

"왜 누나가 콘서트장만 고집하는지 알겠어요."

지웅이가 말했어요.

"그런데 마지막에 노래 부른 스님은 이해가 안 돼요. 왜 유행가를 불렀을까요? 스님이 유행가 불러도 되나?"

미혜가 물었어요.

"스님도 우리랑 똑같은 사람인데 유행가를 못 부를 이유는 없다고 봐."

새털이가 말했어요.

"그럼 스님도 우리랑 똑같이 술, 고기 같은 거 먹어도 되겠네."

미혜가 또 말했어요. 진짜, 미혜의 말을 듣고 보니 그래요. 스님도 우리와 같은 마음이라면 굳이 엄격한 규율에 맞춰서 살 필요가 없다는 생각이 들었어요.

"미혜야, 사람들은 자신들의 집착과 아집을 통해서 사물이나 사건을 보려고 하는 경향이 있단다."

우리들은 선생님의 이야기를 들으며 천천히 걸었어요.

"집착과 아집이라면 고집 같은 것을 말하는 건가요?"

명철이가 말했어요.

"편견이나 치우친 생각."

새털이도 말했어요.

"선입견."

지웅이도 말했어요.

"다 맞는 말이란다. 사람들은 으레 누군가를 나쁜 사람이라고 여기면 쉽게 그 생각을 버리지 않을 때가 있어. 어떤 것이 옳지 않아도 자신이 옳다고 믿으면 절대 고치지 않을 때도 있고. 선생님도 종종 선생님의 생각에서 벗어나지 못할 때가 있단다."

"삼촌 말이 맞네요. 그러고 보니 우리 잣대로 스님을 봤기 때문에 이상하게 보였어요."

새털이의 말에 선생님이 빙그레 웃었어요.

"스님이 대중가요 부르는 것은 이상하고, 가수가 찬송가나 찬불가를 부르는 것은 이상하지 않고?"

"그렇군요. 바꿔 생각하니 이상할 게 전혀 없어요. 그냥 노래를 부른 것뿐인데. 괜히 색안경을 끼고 봐서……."

미혜가 말했어요.

"스님이 부르는 노래나 가수가 부르는 노래나 가사를 입으로 표현한다는 사실은 같아요."

진희가 말했어요.

"그렇지. 사물이나 어떤 사건을 있는 그대로, 따로 떼어 놓고 보지 않으면 잘못된 생각에 사로잡혀서 고통에 빠지는 일은 없을 거란다."

우리들은 선생님을 따라 버스 정류장으로 향했어요. 연등이 매달린 산길을 따라 걷는 느낌은 매우 환상적이었어요. 온갖 식물들이 뿜어내는 향기와 풀벌레 소리는 우리들을 위한 선물 같았어요.

"얘들아, 세속의 세계와 진리의 세계는 따로 떨어진 것이 아니란다. 따로 떼어 놓고 보는 것은 마음 탓이야. 마음을 어떻게 쓰느냐에 따라 좋고 나쁜 것이 생기지. 그게 바로 원효 스님의 한마음 사상에 담긴 뜻이기도 해."

"아, 알겠다. 그게 바로 건빵의 비밀이군요."

명철이가 말했어요.

"건빵의 비밀?"

선생님이 물었어요.

"우리가 고립됐을 때 먹었던 건빵은 세상에서 가장 귀한 과자였거든요. 그때 우리들 마음 때문에 그렇게 느꼈던 거지요?"

명철이가 눈을 반짝이며 말했어요.

"그렇지! 그게 바로 원효 스님의 한마음이야."

명철이가 어깨를 으쓱였어요.

"그럼 청국장의 비밀도 통하는 거네."

우리들은 모두 웃으면서 고개를 끄덕였어요.

"너희들은 벌써 해골 물의 비밀을 알았구나."

"해골 물의 비밀이요? 그건 뭐예요?"

명철이가 물었어요.

"그건 말이지. 이 형님이 가르쳐 주지."

인화가 또 팔짱을 꼈어요.

3 해골의 비밀

"원효 스님이 당나라로 유학 길에 오를 때의 일이었지."

인화가 눈을 지그시 감고 이야기를 했어요.

"당나라로 가던 중 밤이 깊은 거야. 그래서 밤이슬을 피하기 위해 움막 같은 곳으로 들어갔어. 그곳에서 잠을 자는데 원효 스님이 목이 마르지 않겠어!"

"그래서?"

명철이가 인화 옆에 바싹 붙으며 물었어요.

"마침 자는 곳 옆에 바가지가 있는 거야. 게다가 물까지."

"잘됐네. 그걸 마시면 되겠네."

내가 말했어요.

"어떤 물인지도 모르고 어떻게 마셔?"

미혜가 말했어요.

"그게 무슨 상관이야. 목이 마른데 물, 불 가리게 생겼어?"

명철이가 말했어요.

"그래서?"

명철이가 재촉했어요.

"그래서 그 물을 마셨지. 그것도 아주 맛있게. 꿀맛이 따로 없었던 거야."

"거봐. 아무 이상 없잖아."

명철이가 말했어요.

"그리고 다음날 눈을 뜬 원효 스님은 깜짝 놀랐어."

"왜?"

미혜, 진희, 명철, 나는 인화를 뚫어지게 쳐다봤어요.

"글쎄, 그 물은 바로 해골에 담겨 있던 썩은 물이었어. 그리고 그 움막은 무덤이었지."

쓰레기 처리장

"으, 무덤에서 하룻밤을 보내다니. 생각만 해도 끔찍하다."

진희가 몸서리를 치며 말했어요."

"으웩! 아무리 그래도 난 해골에 있는 썩은 물은 안 먹는다."

명철이는 계속 '웩웩' 소리를 냈어요.

"아까는 목마르니까 아무 상관없다며. 그리고 박명철, 너도 어제 땅바닥에 떨어진 건빵 주워 먹있잖아."

미혜가 말했어요.

"그거야 뭐, 너무 배가 고프니까……."

"하하하. 명철이가 제대로 해골의 비밀을 경험했구나."

선생님이 말했어요.

"이 해골에 담긴 썩은 물의 의미는 뭘까?"

선생님이 미소를 지으며 우리를 바라보았어요.

"모든 깨달음은 마음속에 있다."

새털이가 미소를 지으며 말했어요.

"우와!"

새털이의 말에 아이들은 탄성을 질렀어요. 새털이는 어쩜 그렇게 어른스러운 말만 할까요? 새털이가 대단해 보였어요. 새털이란 이름을 가져서 그런가?

"그래서 썩은 물을 먹은 원효 스님은 어떻게 됐어?"

진희가 물었어요.

"당연히 당나라 유학을 포기하고 우리나라에서 참선을 계속했겠지."

지웅이가 말했어요.

"그렇단다. 그리고 원효 스님은 깨달은 진리를 모든 사람들과 나누려고 애썼단다. 사람이 모인 곳이면 어디든 찾아서 중생을 구제하려고 했지."

우리는 선생님의 말에 고개를 끄덕였어요. 원효 스님의 일화를 듣고 나니 원효 스님은 참 자유로운 생활을 했을 거란 생각이 들었어요. 그러고 보니 원효 스님은 여행가가 꿈인 새털이와도 비슷한 면이 있어요.

우리들은 앞으로 장래 희망이 과학자, 요리사, 디자이너, 선생님인데 새털이는 여행가가 되고 싶대요. 세계 여러 곳을 다닌 이야기를 책으로 내는 게 꿈이라고 했어요. 새털이와 참으로 잘 어울리는 장래 희망이라는 생각이 들었어요. 이름처럼 새털이는 새처럼 여기저기를 훨훨 날아다녀야 할 것 같아요.

둘이면서 하나, 하나이면서 둘

제가 사는 동네에 있는 산은 이어져 있습니다. 그렇지만 산은 동네와 따로 떨어져 마음속에 있습니다. 산을 내려오면 동네가 되고 우리 집을 나서면 산이 보입니다. 이것은 둘이 아닙니다. 둘이 된 것은 무엇을 나누려는 내 마음 때문입니다.

마찬가지로 절에서 음악회가 열리는 것과 예술의 전당에서 열리는 것은 다르지 않습니다. 모두 즐거움을 노래하고 아름다운 화음을 만들어 내는 것입니다. 스님이 부르는 노래와 가수가 부르는 노래는 모두 같은 노래입니다.

다만 내 마음 속에서 산에서 음악회가 열리면 어색하고 스님이 노래를 부르면 이상하게 보일 뿐입니다. 다를 것이 없는데 말이에요. 그리고 노래를 부르는 스님의 마음이나 나의 마음이나 모두 똑같습니다. 한마음이지요. 그런데 우리는 두 개로 나눕니다. 한마음인데도 두 마음이 되는 것이지요.

이와 달리 원효에게는 모든 경계, 차이, 분별, 차별이 하나가 됩니다. 지하철을 타면 여자, 남자, 키가 큰 사람, 키가 작은 사람, 코가 큰 사람 등 여러 사람들이 있습니다. 하지만 원효의 한마음으로 보면 모두 혼연하게 하나인 사람들입니다.

부자와 거지의 차이는 없습니다. 어디에도 차별이 없는 하나입니다. 일등과 꼴찌가 둘이 아닙니다. 잘생긴 사람과 못생긴 사람이 둘이 아닙니다. 키 큰 사람과 키 작은 사람이 둘이 아닙니다. 남자와 여자가 둘이 아닙니다. 상대적인 것으로 잘못 알고 있는 생각을 하나로 연결시켜 보게 하는 것이 한마음입니다.

원효의 생각은 더러운 땅과 깨끗한 정토가 한마음에서 시작된 것이며 삶과 죽음이 역시 한마음에서 나온 것입니다. 더 이상 땅과 무덤이 둘이 아닙니다. 좋아하는 마음과 싫어하는 마음이 둘이 아닙니다.

갈라지거나 찢어진 증오의 마음은 넓고도 너그러운 한마음을 통해 깨끗하게 씻어낼 수 있습니다.

5

자루 없는 도끼를 들고

누가 자루 없는 도끼를 빌려 주겠는가! 내가 하늘을 받친 기둥을 찍어 버리겠노라!

— 원효

1 마니또 게임

서울로 올라가는 길에 우리는 고속도로 휴게소에서 잠시 쉬었어요. 버스에 오르는 명철이의 양손에는 과자로 가득 찬 비닐 봉지가 들려 있었어요. 그리고 명철이는 자리에 앉자마자 콜라부터 벌컥벌컥 마시고 트림을 시원하게 했어요.

"와, 이게 얼마만이냐. 콜라, 콜라. 내 사랑 콜라."

명철이가 콜라 캔에 쪽쪽 입을 맞췄어요. 그리고 과자 봉지를 죽 찢어서 입 안 가득 감자칩을 밀어 넣었어요.

"난 감자칩이 세상에서 제일 좋아."

"언제는 건빵이 제일 좋다며?"

진희가 말했어요.

"내 사랑 건빵이라고 말할 땐 언제고……."

미혜가 말했어요.

"인간의 마음은 너무 간사해. 화장실 들어갈 때와 나올 때가 너무 다르거든."

인화가 명철이를 보며 혀를 내둘렀어요.

"인화는 저런 말을 다 어디서 주워 들은 거야?"

미혜, 진희, 나는 할아버지 같이 말하는 인화를 보고 혀를 내둘렀어요.

한가롭던 고속도로와 달리 서울 톨게이트를 지나자마자 길은 막히기 시작했어요.

"다들 어딜 갔다 온 거야?"

차들이 너무 많아 버스는 제대로 속도를 내지 못했어요.

"역시 서울은 너무 바쁘고 정신이 없어."

새털이가 말했어요.

"배내골과 불국사가 그립다."

우리는 깜짝 놀라 명철이를 봤어요. 명철이가 그렇게 말하리라고는 상상도 못했어요.

"왜? 난 농담도 못하냐? 히히."

"그럼 그렇지."

우리는 고개를 끄덕였어요.

"다들 이번 방학에는 뭘할 거니?"

선생님이 물었어요.

"저는 서울에 있는 문화 유적지를 좀 찾아보려고요. 배내골과 불국사를 갔다 왔더니 역사에 대해 더 많이 알고 싶은 욕심이 생겨서요."

내가 말했어요.

"어, 좋은 생각이다. 나도 같이 가자."

"나도!"

미혜와 진희가 말했어요.

"너희들끼리 가지 말고 나도 끼워 줘."

새털이도 웃으면서 말했어요.

"설마 우리 삼총사를 빼겠다는 말은 아니겠지?"

지웅이, 인화, 명철이가 웃으면서 우리를 봤어요.

"잘됐구나. 이번 기회에 역사 탐방팀을 만드는 거야."

선생님의 말에 우리는 박수를 치며 동의했어요.

"자, 이제 마지막으로 한 가지가 더 남았지?"

선생님이 버스 거울을 통해 우리를 봤어요.

"각자의 마니또에게 선물을 나눠 줘야지."

우리는 가방에서 미리 준비해 온 선물을 꺼냈어요. 그리고 서울을 떠날 때 뽑았던 각자의 마니또 이름을 불렀어요.

"내 마니또는 인화야."

지웅이가 인화에게 선물을 주었어요.

"어쩐지 지웅이가 인화를 대하는 게 예사롭지 않았어. 난 눈치를 챘지."

명철이가 탐정처럼 말했어요.

"인화야, 앞으로도 사이좋게 지내고 예전처럼 모르는 문제가 있으면 잘 가르쳐 주고. 알았지?"

인화가 고개를 끄덕였어요. 다음은 인화가 마니또를 불렀어요.

"내 마니또는 미혜야. 미혜야, 여행 다닐 때 좀 까칠하게 말한 거 미안해. 일부러 그런 건 아니었어. 내 말투가 좀……."

인화가 미혜에게 선물을 주며 머리를 긁적였어요.

"고맙다, 인화야. 그런데 난 네가 뭐라고 했는지 기억이 하나도 안 나는데."

미혜가 인화를 보며 씩 웃었어요. 그러고 보니 나 역시 인화가 미혜에게 뭐라고 말했는지 생각이 나지 않았어요. 무슨 까칠한 말을 했었지?

"내 마니또는 새털이야. 새털아, 전학 온 날 레이스 찢었다고 막 화 낸 거 정말 미안해. 내 잘못도 있었어. 그리고 고무신 정말 고마워."

새털이에게 선물을 주는 미혜는 얼굴을 붉혔어요. 그러고 보니 미혜는 배내골에서 고립된 이후 지금까지 새털이가 준 고무신을 신고 다녔어요. 놀랄 만한 일은 우리의 공주님 미혜가 아무 불평 없이 고무신을 신고 다녔다는 거예요. 우리는 미혜가 고무신을 신고 있었다는 사실조차 잊고 있었어요.

"아니야. 내 잘못이 있지. 내가 조심했더라면 레이스는 찢어지지 않았을 텐데, 미안해. 내 마니또는 미소야. 미소야, 앞으로 작가가 되는 게 꿈이라고 했지? 이 펜으로 글을 써 봐."

새털이가 내 마니또란 사실에 은근히 기분이 좋았어요. 나는 새털이의 선물을 바로 열어 보았어요. 뒷부분에 화려한 깃털이 꽂힌

볼펜이었어요. 정말 맘에 들었어요. 글이 절로 쓰이겠는걸요! 진희와 미혜도 깃털 펜을 부러운 듯이 바라봤어요. 역시 새털이다운 선물이었어요. 센스쟁이, 장새털!

"내 마니또는 진희야. 진희야, 너랑 다시 삼총사가 돼서 얼마나 기쁜지 몰라. 그런데 궁금한 것이 있는데 나한테는 캠프 안 온다고 하고선 왜 마음을 바꾼 거야?"

나는 준비해 온 클로버 열쇠고리를 진희에게 주며 물었어요.

"응? 왜 마음을 바꿨어? 네 노력 덕분이잖아."

진희가 오히려 무슨 소리냐는 듯이 나에게 되물었어요.

"이 핀하고 메모지가 네가 캠프에 꼭 같이 갔으면 하는 마음에서 주는 거라고 새털이가 주던데. 아니었어?"

"뭐?"

우리는 모두 새털이를 쳐다봤어요. 그랬구나. 하지만 새털이는 무슨 말이냐며 나를 보고 어깨를 으쓱였어요.

"어쩐지. 좀 이상하다 했다. 어째 네가 핀하고 메모지를 보고도 아는 척을 안 하더라."

진희가 웃으면서 말했어요.

"장새털! 나도 이 핀하고 메모지 맘에 든다!"

미혜가 큰 목소리로 말했어요.

"나는 모르는 일인데……."

새털이가 창밖으로 바로 고개를 돌렸어요.

"아무튼 고맙다, 장새털. 그럼 마니또를 발표하겠어요. 내 마니또는 명철이야. 명철아, 지금까지 내가 너한테 먹보라고 놀려서 미안해. 앞으로 다신 안 그럴게."

진희가 명철이에게 선물을 내밀었어요.

"이거 먹을 거냐?"

우리는 명철이의 물음에 웃었어요.

"내 마니또는 지웅이야. 나도 너랑 인화랑 같이 삼총사가 돼서 정말 기쁘다."

우리는 받은 선물을 열어 보며 서로의 선물이 최고라고 소리를 높였어요. 버스 안은 웃음소리로 가득했어요. 친구들의 웃음소리를 듣고 있자니 그동안 편을 나누어 싸웠던 우리들이 어리석었다는 생각이 들었어요.

2 우리가 해야 할 일

버스는 어느덧 동네로 접어들었어요. 그런데 저만치서 '쿵쿵쿵' 하는 소리가 들렸어요. 어떤 사람은 장구를 매고 어떤 사람은 꽹과리를 치며 걸었어요. 그 뒤를 많은 사람들이 따랐어요. 완장을 찬 아저씨들이 사람들을 막는 모습도 보였어요.

"내가 사는 마을에 소각장이 웬 말이냐. 소각장을 반대한다. 소각장 반대!"

"찬성, 찬성!"

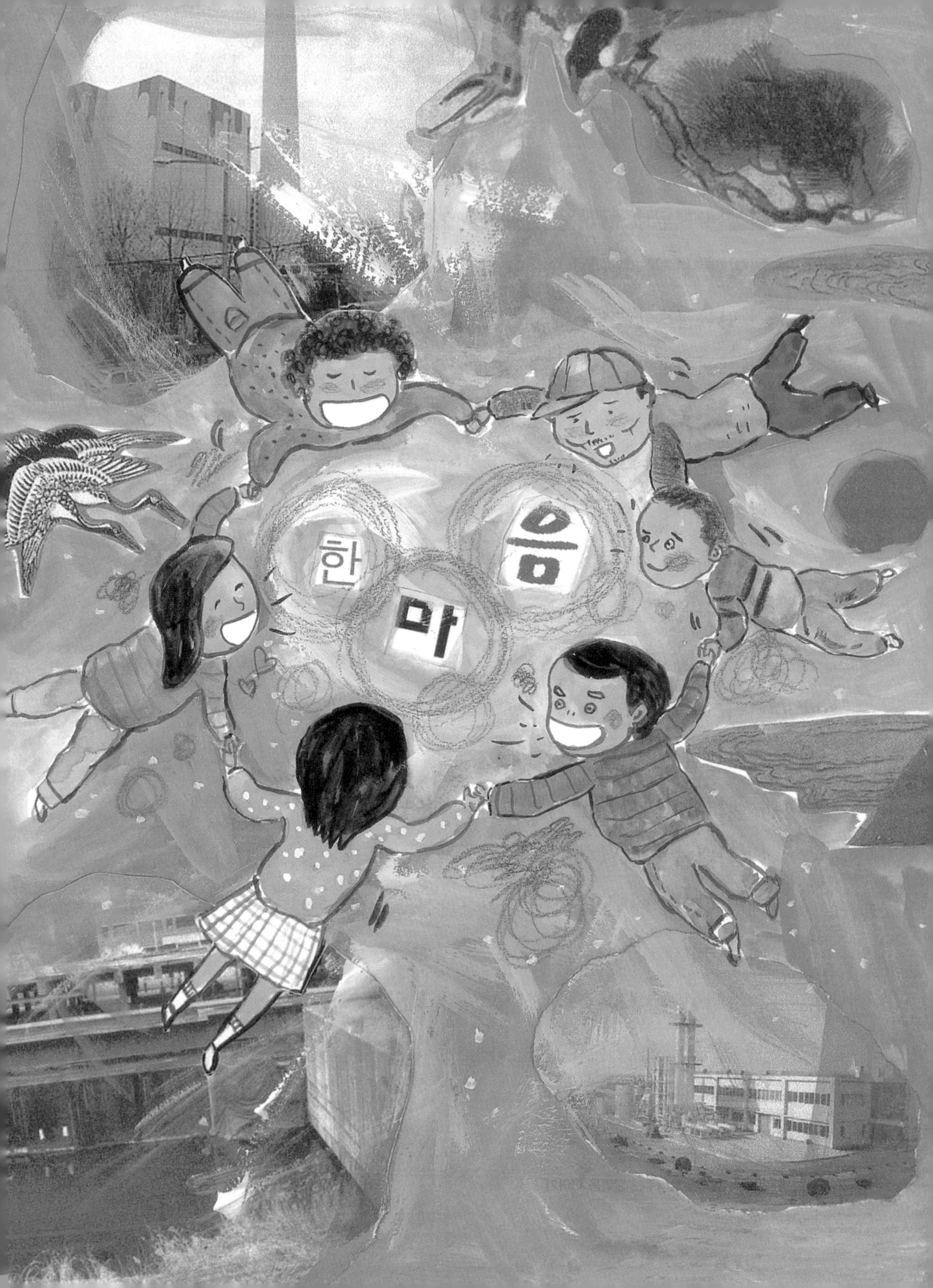
한
마
음

찬성과 반대로 나뉜 현수막을 보자 우리들은 얼굴이 화끈 달아 올랐어요. 거리를 지나가던 몇몇 외국인들이 가던 길을 멈추고 시위하는 사람들을 한참 동안 봤어요.

"쓰레기를 버리면서 쓰레기 소각장은 만들면 안 된다니 게 말이 되나."

지금까지 반대파에 있던 인화가 한마디 던졌습니다.

"맞아. 우리 동네에 보기 좋은 것만 둘 수는 없지. 나쁜 것은 다른 동네에 세우라는 말을 하는 건 이기적인 태도야."

반대파였던 진희도 한마디 거들었어요.

"집에 가면 엄마, 아빠한테 고집만 세우지 말고 조화롭게 해결하라고 해야겠어."

미혜가 말했어요.

"너희들 여행을 다녀오고 나서 많이 컸구나."

선생님이 기뻐하며 말했어요.

"화장터 세우지 마라, 원자력발전소 짓지 마라, 임대주택 짓지 마라…… 확실히 사람들은 이기적이야."

지웅이가 말했어요.

"올바른 일에 대해서는 한마음을 먹어야 하는데 항상 생각이 나뉘어서 문제다. 원효 스님이 지금 이 장면을 보시면 어떻게 생각을 하실지 뻔하다, 뻔해."

새털이가 말했어요.

버스가 학교 정문 앞에 멈췄어요.

"누가 자루 없는 도끼를 빌려 주겠는가! 내가 하늘을 받친 기둥을 찍어 버리겠노라! 이 노래는 원효 스님이 낡은 정치와 무질서한 사회를 바라보고 지은 노래야. 잘못된 것은 고치겠다는 강한 의지가 담겨 있는 노래지."

우리들은 고개를 끄덕였어요.

"자, 다들 집에 가서 무슨 일을 해야 하는지 알겠지?"

선생님이 말했어요.

"이번 단합대회는 여기까지다! 하지만 너희들의 단합은 영원히 계속되길 바란다."

"네!"

버스가 학교 정문 앞에 섰어요. 우리는 버스에서 짐을 모두 내리고 정문 앞에 둥그렇게 섰어요. 이제는 말을 하지 않아도 서로가 무슨 생각을 하는지 알 것 같았어요.

"아자! 아자! 파이팅!"

지웅이가 먼저 소리 높여 외쳤어요.

"아자! 아자! 파이팅!"

우리 모두 지웅이를 따라 하늘을 향해 소리쳤어요.

7월의 태양이 눈부시게 빛나고 있었어요. 미혜와 진희의 손을 잡고 걷자니 어른들의 일도 좋은 결과로 끝날 것 같았어요. 우리 일곱 명은 마치 동네를 지키는 수비대가 된 것처럼 서로를 보고 의지에 찬 눈빛을 보냈지요.

자루 없는 도끼로

사람들은 자신의 생각만 옳고 남은 틀리다고 말합니다. 원효가 살던 시대에도, 부처의 진리를 놓고 여러 학자나 사상가들은 자신의 주장만 옳고 남의 생각은 틀렸다고 하였습니다. 신분제도의 모순도 있었습니다. 이런 잘못된 세상에서 원효는 도끼를 찾았습니다. 그는 말합니다.

> 누가 자루 없는 도끼를 주겠는가? 내가 하늘을 지탱하는 기둥을 끊으리라.
>
> — 일연, 《삼국유사》 중

혹자는 이 말을 과부 요석공주를 내게 시집보내면 나라를 이끌어 갈 인재를 낳겠다는 뜻으로 풀이합니다. 하지만 다른 이들은 하늘을 떠받치듯 모순으로 가득 찬 사회를 바꾸어 놓겠다는 뜻으로 해석하기도 합

니다. '자루 없는 도끼' 는 신라라는 낡은 기둥을 끊어 버리는데 꼭 필요했을 것입니다. 세상에 평화를 가져다주고 조화를 이룰 수 있는 능력을 도끼에 빗대어 표현한 것이 아닐까요?

원효는 온갖 모습을 받아들이는 거울과 많은 물줄기를 합치는 바다와 같은 부처의 진리를 실천하려고 하였습니다. 대립과 갈등이 없는 조화로운 세상을 꿈꾸었으니, 이것이 원효의 '한마음' 입니다.

부처는 석가모니 부처만을 뜻하는 것은 아닙니다. 우리 모두는 부처의 마음을 지니고 있습니다. 한마음은 어떠한 것도 차별하지 않고 평등하게 대하는 마음입니다. 한마음은 사사로운 욕심이 없기 때문에 서로 돕고 사이좋게 지낼 수 있는 마음입니다.

원효는 자루 없는 도끼를 들고 이처럼 한마음으로 만들어지는 너그러운 세상을 일구려고 하였습니다.

오늘은 드디어 우리 동네에 쓰레기 소각장을 만들 것이냐, 말 것이냐를 결정하는 마을 투표가 있는 날이에요. 어른들은 서로의 눈치를 보며 노인정으로 향했어요. 투표를 한 후 서로 눈도 마주치지 않고 집으로 향하는 어른들을 보자 걱정이 앞섭니다.

어른들의 싸움은 앞으로도 계속되어야 하는 걸까요? 우리들은 이제 더 이상 싸우지 않는데 어른들 싸움은 왜 아직도 끝나지 않은 걸까요? 언제까지 이렇게 서로를 소 닭 쳐다보듯이 해야 하는 걸까요? 어른들은 아이들보다 마음이 더 좁은 것 같아요.

드디어 투표 결과가 나왔어요. 그런데 전혀 의외의 결과가 나왔어요.

찬성과 반대 표 차이가 무려 배 이상 났어요. 많은 어른들이 쓰레기 소각장을 찬성했어요. 역시 우리의 노력은 헛되지 않았어요. 우리는 서로의 손을 잡고 좋아했어요. 각자가 집에 가서 부모님을 설득한 덕분이에요.

"여러분, 다들 그냥 가지 마시고 김치 부침개랑 막걸리 좀 드시고 가세요."

엄마, 미혜네 아줌마, 진희네 아줌마 그리고 그 외 다른 친구네 아줌마들이 양손에 음식을 잔뜩 들고 노인정으로 왔어요. 노인정은 금세 잔칫집이 되었어요.

"우와, 드디어 진희네 아줌마의 김치 부침개를 먹는 거야? 배 터지도록 먹어야지."

명철이가 배를 툭툭 쳤어요. 우리는 음식 나르는 심부름을 열심히 했어요. 정신없이 음식을 나르는 바람에 부침개는 먹지도 못했어요. 힘들고 배도 고팠지만 마음만은 뿌듯했어요.

"지웅아! 지웅아!"

시끌벅적한 가운데 지웅이네 아줌마가 지웅이를 불렀어요. 아줌마와 얘기가 끝난 지웅이가 우리에게 잽싸게 달려왔어요.

"왜? 무슨 일이야?"

내가 물었어요.

"선생님께서 아기를 낳으셨대!"

"우와, 정말? 아들이래, 딸이래?"

진희가 물었어요.

"아들, 딸 쌍둥이래!"

"어쩐지, 선생님 배가 남산만 해서 예사롭지 않았어."

"우리가 아기 이름을 지어 주면 좋겠다."

명철이가 말했어요.

"우리가 아기 이름을 써서 참고하시라고 드리자."

지웅이도 말했어요..

"맞아. 아기를 사랑하는 마음은 우리나 선생님이나 한마음이니까."

진희가 말했어요. 우리는 마음에 떠오르는 이름을 마구 외쳤어요. 새털! 명철! 미혜! 인화! 미소! 지웅! 진희! 그리고 서로를 마주 보며 크게 웃었지요. 어른들의 웃음소리도 끊이지 않았어요. 지금 이 순간만큼은 어른들도 한마음, 우리도 한마음이라는 것을 느낄 수 있었어요.

통합형 논술 활용노트

01 다음 글을 읽고 물음에 답하시오.

(가) "얘들아, 저기 논두렁에 창고 같은 집이 한 열 개 보이지?"
"네. 저게 뭐예요?"
우리들은 고개를 길게 빼고 선생님이 가리킨 창고를 보았어요.
"잘 보고 알아맞혀 보렴."
"농기구를 갖다 놓는 곳간인가요?"
진희가 갸우뚱거리며 말했어요.
"알았다! 오리가 사는 집이군요. 저쪽에 오리가 보여요."
나는 논 귀퉁이에 오밀조밀 모여 있는 오리를 가리키며 말했어요.
"맞았어. 오리가 논에 가서 놀다가 뙤약볕을 피해 집으로 들어가 쉬는 곳이란다."
"아니, 오리가 논에서 뭘하는 거예요?"
진희가 물었어요.
"이건 이 박사님께서 설명해 주겠어. 에헴."
인화가 헛기침을 했어요.
"이 박사의 견해로 봐서는 저 논은 유기농법을 쓰는 논이야. 따로 농약을 쓰지 않고 벼에 해로운 해충들을 오리를 풀어서 잡아먹게 하는 방법이지."
인화는 말을 마치고 어깨를 으쓱했어요. 선생님이 인화의 머리를 쓰다듬

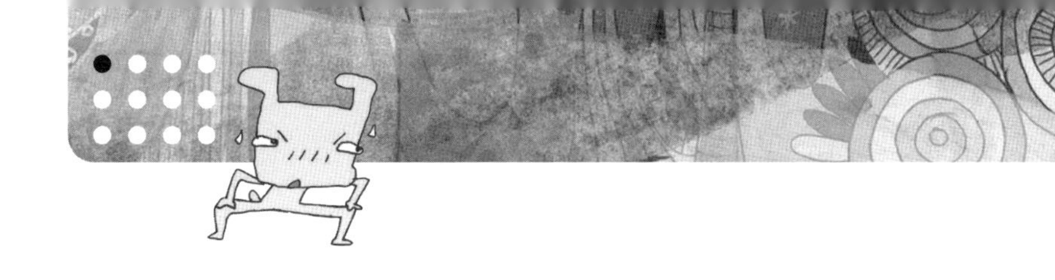

었어요.

"한마디로 일석이조란 말이네."

우리는 미혜의 말이 무슨 뜻인지 몰랐어요.

"오리는 마음껏 먹이를 먹어도 좋고, 우리는 농약 치지 않는 쌀을 먹어서 좋고. 아마 식물과 땅에도 유기농법이 좋을 거야."

미혜가 말했어요.

"그럼 일석사조네."

—《원효가 들려주는 한마음 이야기》 중

(나) 과거에는 생장 호르몬이나 인슐린처럼 사람의 몸에서 아주 적게 분비되는 물질을 합성하여 대량생산한다는 것은 거의 불가능한 일이었다. 인슐린의 경우 다른 동물의 이자로부터 추출하여 생산하였기 때문에 많이 공급되지 못하고 가격이 비쌌다. 이처럼 대량으로 얻기 어려웠던 의약품의 대량생산이 유전자 재조합 기술의 발달로 가능하게 되었다. 현재 유전자 조작 기술을 이용하여 인슐린, 인간 생장 호르몬, 인터페론, 혈액 응고 방지 물질, 간염 백신과 다양한 항생 물질이 대량생산되고 있다. 유전자 재조합 기술은 농작물의 품종 개량에도 이용되어 병충해와 냉해 등에 강한 농작물이나 영양소를 많이 포함하는 농작물을 개발하는 데 이용되고 있다. 이를 통해 인류의 식량문제를 해결하는데 도움이 될 수도 있지만 유전자 조작 농산물에 대해서는 아직 그 안전성 여부가 확인

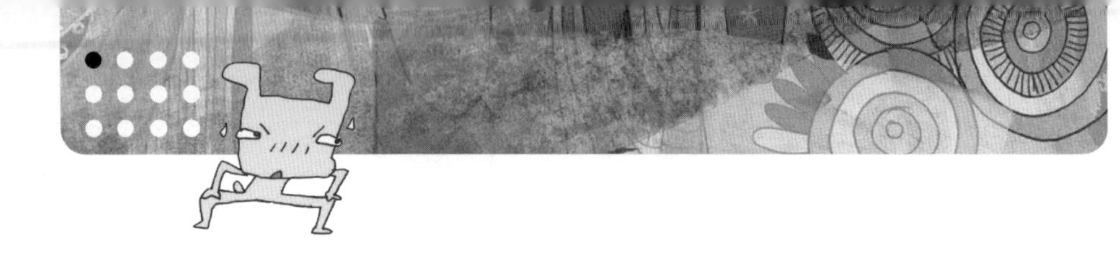

되지 않아 많은 논란을 겪고 있다.

— 고등학교 《생물 I》 중

1. 농사를 지어 곡물을 생산하는 데 있어서 (가)와 (나)의 방법은 각기 어떤 장단점이 있을지 추측해서 이야기해 보시오.

2. 원효 스님이 농부라면 (가)와 (나) 중 어떤 농사 방법을 썼을지, 한마음 사상을 되짚어 보며 서술하시오.

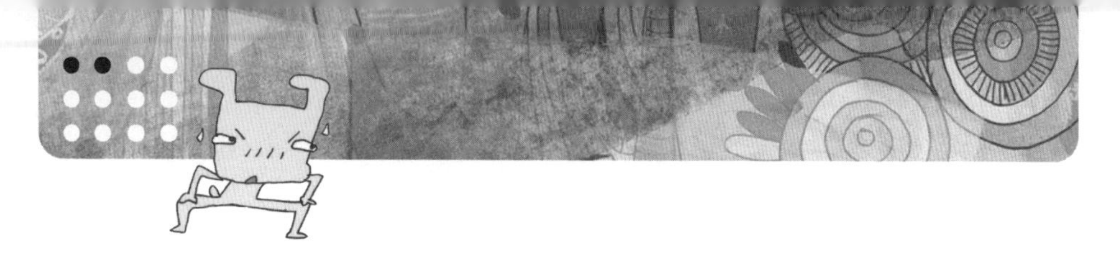

02 (가)와 (나) 두 제시문에서 공통적으로 말하고 있는 것은 무엇일까요? 불교에서 말하는 '생멸문', '진여문'과 관련하여 두 제시문에 담긴 의미를 이야기해 보시오.

(가) "아니, 엄마는 이렇게 맛있는 청국장을 왜 집에서 한 번도 해 준 적이 없는 거야. 서울 가면 당장 해 달라고 해야지."
명철이가 젓가락을 빨면서 말했어요.
"하하하. 배가 고프니까 너희들이 완전히 후각을 잃었구나. 확실히 진여문에 들어온 게지. 하하하. 사장님, 여기 청국장 여덟 개요!"
선생님이 크게 소리쳤어요. 청국장 여덟 그릇이 우리 앞에 가지런히 놓였어요.
"음, 이 향긋한 냄새."
인화가 눈을 감고 냄새를 맡았어요.
"잘 먹겠습니다!"
우리는 정신없이 청국장에 숟가락질을 했어요.
"역시 달라. 엄마가 해 줬던 그 맛이 아니야. 엄마는 왜 이렇게 못 만드는 걸까?"
내가 말했어요.
"물론 같은 청국장이라도 그 맛이 다 다르고, 하는 사람의 솜씨도 다르고, 만드는 방법도 다르니까 맛이 다를 수밖에. 무엇보다 먹는 사람의

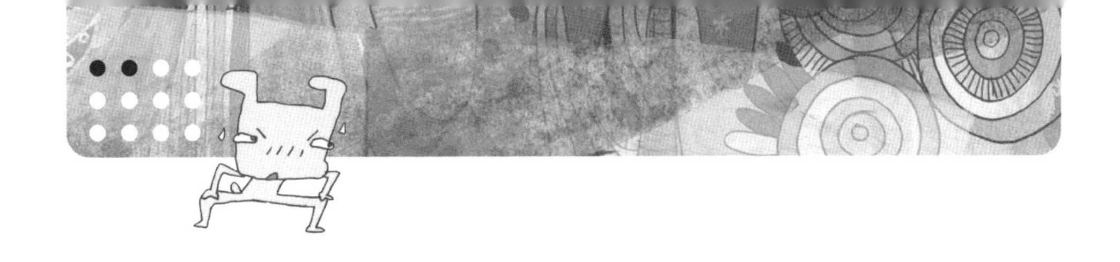

마음이 다르니 그 맛이 다를 수밖에."
선생님이 말했어요. 나는 선생님의 말에 고개를 끄덕였어요.
푸짐하게 반찬이 담겨 있던 그릇들이 하나, 둘씩 비워졌어요.
"우와, 잘 먹었다. 꿀맛이 따로 없어."
명철이가 불룩 나온 배를 툭툭 치며 말했어요.
"어제는 건빵이 세상에서 제일 맛있는 과자로 변하더니, 오늘은 청국장이 세상에서 제일 맛있는 음식이야."

—《원효가 들려주는 한마음 이야기》중

(나) 새끼손가락에 생선 피가 묻었다. 비린내를 걱정하여 열심히 열심히 닦아 내었다. 화장실에서 비누로 손을 씻는데 새끼손가락이 따가웠다. 생선 피가 계속 묻어 있기에 '왜 이러지?' 하고 봤더니 그건 나의 피였다. 나의 피라는 걸 알자마자 따가움은 고통으로 다가왔다.

— '금빛분자' 님의 블로그 글
〈원효의 해골물을 우리는 날마다 마시고 있다〉중
(blog.naver.com/parang111/150037109548)

통합형 논술 문제풀이

01 1. (가)에 나오는 농부는 유기농법으로 쌀을 생산합니다. 이는 농작물에 인위적인 힘을 가하지 않고, 생태계의 자연적 힘을 활용하는 방법입니다. 유기농법을 이용해서 쌀을 생산한다면 소비자 입장에서는 안심하고 먹을 수 있는 양질의 곡물을 얻을 수 있습니다. 하지만 농부는 쌀을 생산하기 위해 오리를 사육하는 등 여러 수고와 비용을 들여야 합니다. 따라서 생산량이 많지 않아 많은 사람이 먹을 수 없고 가격도 비싸진다는 단점이 있습니다.

반면 (나)에서 말하는 유전자 재조합 기술을 이용하면 해충에 강하고 영양소가 높은 농작물을 대량으로 생산할 수 있습니다. 따라서 많은 사람들이 싼 가격에 농산물을 살 수 있다는 장점이 있습니다. 하지만 인위적으로 유전자 조작을 한 농산물은 인체에 어떤 해를 입힐지 알 수 없어서 불안합니다. 실제로 유전자 조작 농산물을 먹고 호르몬 이상이나 원인을 알 수 없는 질병에 피해를 입는 사례가 있습니다. 이는 생태계 흐름을 무시하고 인간에게만 이롭게 자연을 이용하려 하기 때문에 생기는 부작용입니다.

2. 원효 스님의 한마음은 너와 나, 이것과 저것, 부처와 중생의 구별을 없애고 세상 모든 만물을 하나로 꿰뚫어 보는 사상입니다. (가)의 유기농법은 곡물과 해충, 오리, 그리고 쌀을 먹는 사람까지 생태계 흐름 안에 포함되어 있다고 바라보는 관점을 바탕에 두고 있습니다. 세상 만물을 하나의 원리로 통찰하고 있는 것이지요.

반면 (나)의 유전자 조작법은 인간과 자연을 구분 짓는 관점에 바탕을 두고 있습니다. 쌀을 인간과 같은 생명으로 보는 것이 아니라 인간이 먹을 것으로만 보고, 해충 또한 인간이 쌀을 먹는 데에 방해되는 것으로만 여깁니다. 따라서 이 생명을 인간에게 이익이 되도록 변형하고 바꾸려는 방법입니다. 이렇듯 인간 위주로만 생각하면서 인간 이외의 생명은 인간을 위해 존재하는 도구나 수단으로만 여기는 것은 원효 스님의 한마음 사상과 매우 거리가 멉니다. 따라서 원효 스님이 농부라고 가정한

다면 (가)의 방법으로 농사일을 했을 것입니다.

02 (가)에서 아이들은 평소에 좋아하지 않던 청국장을 매우 맛있게 먹습니다. 그리고 (나)의 화자는 새끼손가락의 피가 생선 피가 아니라 자신의 피라는 걸 알고 나자 고통을 느끼기 시작합니다. 이 두 제시문은 모두 세상 이치가 마음먹기에 달려 있다는 원효의 한마음 사상을 나타내고 있습니다.

(가)의 아이들은 엄마가 늘 끓여 주는 청국장이 맛 없다고 느꼈기 때문에 청국장은 맛이 없는 음식이라는 편견을 가지고 있었습니다. 하지만 산행을 하고 돌아와 배가 매우 고픈 상황이 되자 청국장을 맛있는 음식으로 여기게 됩니다. 청국장은 맛없는 음식이라는 편견에서 벗어나 진여문에 들어선 것이지요.

반대로 (나)의 화자는 처음 손에 생선 피가 묻었다고 생각하고 닦으려고만 했습니다. 하지만 그것이 자신의 피라는 걸 안 순간 자기 손에 상처가 났다는 걸 알고 '고(苦)'를 자각하게 되었습니다. 피에 대해 아무런 구별이 없다가 생선 피와 나의 피를 구별하는 마음이 생긴 것이지요. 생선 피라면 나의 상처가 아니므로 고통이 없겠지만, 나의 피라면 내 손에 상처가 났다는 뜻이므로 고통스러운 일이라는 생각이 번뜩 들었던 것입니다. 따라서 (나)의 화자는 고통을 자각하는 생멸문에 들어선 것이라고 볼 수 있습니다.